1781

Oskar Lafontaine

Der andere Fortschritt

Verantwortung statt Verweigerung

Hoffmann und Campe

Längere Textabschnitte wurden aus den nachfolgend aufgeführten Büchern entnommen: S. 18f.: Ronald D. Laing, »Phänomenologie der Erfahrung«, edition suhrkamp 314, Suhrkamp Verlag, Frankfurt am Main 1967; S. 23: Bertolt Brecht, »Leben des Galilei«, in »Gesammelte Werke«, Suhrkamp Verlag, Frankfurt am Main 1967; S. 37f.: Werner Müller, »Geliebte Erde – Naturfrömmigkeit und Naturhaß im indianischen und europäischen Nordamerika«, 4. Aufl., Bouvier Verlag, Bonn 1982; S. 133f.: Ivan Illich, »Technischer Fortschritt und Dritte Welt«, S. 135f.: Dieter Senghaas, »Probleme autozentrierter Entwicklung – gibt es eine entwicklungspolitische Alternative für die Dritte Welt«, in »Bruchstellen – Industrialisierung und Planung in der Dritten Welt«, hrsg. vom Berliner Institut für vergleichende Sozialforschung, Syndicat, Frankfurt am Main 1981; S. 143f.: Paul Harrison, »Die Zukunft der Dritten Welt«, rororo aktuell 5243, Rowohlt Taschenbuch Verlag GmbH, Reinbek bei Hamburg 1984; S. 173, 176: Helge Pross, »Mitbestimmung und Privateigentum« in »Kapitalismus und Demokratie«, Athenäum Verlag, Königstein/Taunus 1973; S. 175, 177: Karl-Hermann Flach, »Noch eine Chance für die Liberalen«, Fischer Taschenbuch 2040, Fischer Taschenbuch Verlag, Frankfurt am Main 1971; S. 189: Walter Benjamin, »Angelus Novus«, Suhrkamp Verlag, Frankfurt am Main 1966; S. 218f.: Max Weber, »Politik als Beruf«, in »Gesammelte Politische Schriften«, J. C. B. Mohr, Tübingen 1980.

CIP-Kurztitelaufnahme der Deutschen Bibliothek

Lafontaine, Oskar:
Der andere Fortschritt: Verantwortung statt Verweigerung / Oskar Lafontaine; – 2. Aufl. 31.–35. Tsd. – Hamburg: Hoffmann und Campe, 1985

ISBN 3-455-08248-3

Schutzumschlag- und Einbandgestaltung: Werner Rebhuhn
unter Verwendung eines Fotos der dpa
Gesetzt aus der Times-Antiqua
Satz: Utesch Satztechnik GmbH, Hamburg
Druck- und Bindearbeiten: Clausen & Bosse, Leck
Printed in Germany

Inhalt

Aus dem Getöse der Autos, den Schreien der Sirenen und den kurvenheulenden Bahnen steigt leise und fast unhörbar, ein Gedanke in die Welt, der neu und alt zugleich ist: der nämlich, daß sich die Seele nicht töten läßt. Daß sie derer spottet, die sie auf Flaschen ziehen wollen. Die sie registrieren wollen. Dies ist vielleicht eine seelenlose Zeit. Aber es ist eine, die die Seele sucht.

Kurt Tucholsky

Die Suche nach einem anderen Weg

Jedes Jahr verhungern auf der Erde 45 Millionen Menschen. Der atomare Weltbrand kann jeden Augenblick ausbrechen. Die Zerstörung der Natur schreitet immer weiter, scheinbar unaufhaltsam voran. Die Industriegesellschaft ist an ihre Grenzen gestoßen. Massenarbeitslosigkeit und Armut, die überwunden schienen, sind zurückgekehrt. Zwar haben in den Industriestaaten Wirtschaft, Wissenschaft und Technik zu gewaltigen Errungenschaften geführt, doch wiegen diese bei weitem nicht auf, was an Zerstörung angerichtet und an existentieller Gefährdung aufgebaut wurde. Hungertod, Atomtod, Naturzerstörung und soziale Not sind Ergebnisse menschlichen Handelns, für dessen Folgen die Menschen einstehen müssen, zumindest für die Folgen, die sie voraussehen können. Es fällt uns schwer, unser Handeln als ursächlich für Tod und Elend überall in der Welt anzusehen. Wir können die Verantwortung dafür aber nicht verweigern, wir sind immer verantwortlich, auch – oder gerade – wenn unser Handeln aus Nichtstun und Unterlassen besteht. An dieser Feststellung kommt man nur vorbei, wenn man den Menschen die Fähigkeit zur freien Entscheidung abspricht.

»Ich glaube, nichts Lebendes kommt heute ums Politische herum. Die Weigerung ist auch Politik, man treibt damit die Politik der bösen Sache.« Mit diesen Worten beschrieb Thomas Mann die Situation des Jahres 1945. Niemand wird heute – 1985 – akzeptieren, daß wir uns bewußt für Hungertod, Atomtod, Naturzerstörung und soziale Not entschieden hätten. Für Freiheit von Atomwaffen, Ernährung für alle, Naturschutz und Wohlstand für jeden haben wir uns allerdings auch nicht entschieden. Wer heute über das Politische nachdenkt, wer unvoreingenommen die weltweiten Entwicklungen zur Kenntnis nimmt, wird sehr schnell zu der Einsicht kommen, daß es nicht so weitergehen kann wie bisher. Wenn ein Mensch sich nicht mehr zurechtfindet, muß er sich darüber klarwerden, was er eigentlich will. Da Politik und Gesellschaft ratlos geworden sind, muß die Frage gestellt werden, was wir eigentlich wollen, welche Ziele wir haben.

Wir wollen die Hungerkatastrophen nicht. Wir wollen sie vermeiden. Wir wollen den Atomtod nicht. Wir wollen ihn vermeiden. Wir wollen die Zerstörung der Natur nicht. Wir wollen sie vermeiden. Wir wollen die Massenarbeitslosigkeit nicht. Wir wollen sie vermeiden. Diese Widersprüche sind nur dann aufzulösen, wenn wir erkennen, daß unser alltägliches Verhalten, ohne daß es uns bewußt wird, weltweit zu katastrophalen Entwicklungen führt. Es ist nicht ungewöhnlich, in bester Absicht ein Ziel zu verfolgen und nicht zu bedenken, welche ungewollten Wirkungen dabei auftreten können. Um diese ungewollten Folgen zu vermeiden, muß versucht werden, dem alltäglich Handelnden den Zusammenhang einsichtig zu machen, der zwischen seinen Absichten und den erreichten Ergebnissen besteht.

Ein Dogma gerät ins Wanken

Unsere Öffentlichkeit ist beherrscht von der Diskussion über die Fragen der Wirtschaft. Man kann einem Menschen kaum ein stärkeres Kompliment machen, als daß er etwas von Wirtschaft versteht, schließlich garantiert die Wirtschaft unseren Wohlstand. Der prozentuale Zuwachs als Ausdruck der Leistungsfähigkeit – in keinem anderen Bereich ist dieses Prinzip so beliebt wie in der Wirtschaft. Der Zuwachs des Umsatzes, der Zuwachs der Rendite, der Zuwachs des Anlagevermögens, wenn es gut geht, der Zuwachs der Beschäftigtenzahlen – nichts anderes erfreut den Mann der Wirtschaft mehr als der

Zuwachs. Selbstverständlich übersehen wir nicht, daß auf der Kostenseite die Degression erwünscht ist. Als fast göttliches Gesetz, als Dogma, gilt bei all dem das Wachstum des Bruttosozialprodukts. Erst jetzt, nachdem es ins Wanken gerät, beginnt man über seinen Inhalt nachzudenken. Aus der Unmöglichkeit, dieses Dogma aufrechtzuerhalten, erklärt sich aber nicht allein, daß unser Wirtschaftssystem zu solch verheerenden Ergebnissen wie Naturzerstörung, Hunger in der Welt und Massenarbeitslosigkeit führt.

Vergegenwärtigen wir uns, was einige der geistigen Väter unserer Wirtschaftssysteme über deren Grundlagen gesagt haben.

Eine wichtige Rolle in der Wirtschaftspolitik der letzten Jahrzehnte spielte die Ökonomie des englischen Lords John Maynard Keynes. Er schrieb mit der den Engländern eigenen Offenheit im Jahre 1930: »Noch mindestens weitere 100 Jahre müssen wir uns und jedem anderen gegenüber sagen, daß schön häßlich und häßlich schön ist, denn häßlich ist nützlich und schön unnütz. Geiz, Wucher und Mißtrauen müssen noch für eine kleine Weile unsere Götter sein. Denn nur sie können uns aus dem Tunnel wirtschaftlicher Notwendigkeit zur Helligkeit führen.«

Wirtschaftlicher Fortschritt ist nach Meinung dieses Ökonomen nur dann erreichbar, wenn wir uns die mächtigen Antriebe der Selbstsucht zunutze machen, denen zu widersprechen Religion und überlieferte Weisheit uns raten. Die Zeit für eine »Rückkehr zu einem der gesichertsten und fundamentalsten Grundsätze der Religion und herkömmlichen Wertvorstellungen, daß Geiz ein Laster, Wucher ein Vergehen und die Liebe zum Geld abscheulich ist«, sei noch nicht gekommen, meinte John Maynard Keynes. Ist diese Zeit, so müssen wir fragen, heute gekommen? Ist es vielleicht sogar angesichts der Hungersnot in der Dritten Welt höchste Zeit, sich darüber klarzuwerden, daß Geiz ein Laster und Wucher ein Vergehen ist? Der Wertewandel, der allgemein festgestellt wird, wäre dann ein zu begrüßendes Zeichen des Neubeginns. Nicht mehr der egoistische, mitleidlose, erfolgreiche Raffer wäre das Ideal der heutigen Jugend, sondern der Mensch, der erkannt hat, daß er sein Menschsein nur zusammen mit anderen Menschen verwirklichen kann.

Noch entscheidender als die Motive, die Keynes als Voraussetzung unserer Wirtschaft genannt hat, ist das Prinzip, nach dem wir sie organisiert haben: die Arbeitsteilung, über deren verheerende Folgen wir heute mehr denn je nachdenken müssen. Zur Arbeitsteilung stellte Adam Smith Ende des 18. Jahrhunderts fest: : »Der Geist der großen Mehrzahl der Menschen entwickelt sich notwendig aus und an ihren Alltagsverrichtungen. Ein Mensch, der sein ganzes Leben in der Verrichtung weniger einfacher Operationen verausgabt... hat keine Gelegenheit, seinen Verstand zu üben... Er wird im allgemeinen so stupid und unwissend, wie es für eine menschliche Kreatur möglich ist... Aber in jeder industriellen und zivilisierten Gesellschaft ist dies der Zustand, worin der arbeitende Arme, das heißt die große Masse des Volkes, notwendig verfallen muß.«

Noch drastischer als Adam Smith beschreibt der Vater der modernen Arbeitsteilung Frederick Winslow Taylor zu Beginn unseres Jahrhunderts die Verstümmelung der menschlichen Fähigkeiten im Produktionsprozeß: »In unserem System wird dem Arbeiter minutiös mitgeteilt, exakt, was er zu tun hat und wie er es zu tun hat. Eines der ersten Erfordernisse... für einen Mann, der in der Lage ist, als eine reguläre Beschäftigung Roheisen zu verladen, ist, daß er so blöd und phlegmatisch ist, daß er in seinen geistigen Fähigkeiten mehr dem Ochsen gleicht als jedem anderen Typ.«

Marx verurteilt das System der Arbeitsteilung gleichermaßen und beruft sich dabei auf Adam Smith, den er im »Kapital« häufig als Zeugen anführt. Er schreibt: »In der Fabrik existiert ein toter Mechanismus unabhängig von ihnen [den Arbeitern], und sie werden ihm als lebendige Anhängsel einverleibt. Während die Maschinenarbeit das Nervensystem aufs Äußerste angreift, unterdrückt sie das vielseitige Spiel der Muskeln und konfisziert alle freie körperliche und geistige Tätigkeit.«

Die drastischen Urteile von Smith, Taylor und Marx über die zerstörerische Wirkung der Arbeitsteilung haben nicht vermocht, ihr Fortschreiten in den Industriegesellschaften, weder im Westen noch im Osten, aufzuhalten. Nur wer die ständige Vermehrung der Produktion von Waren, Gütern und Dienstleistungen über das Ziel stellt, dem Menschen die Möglichkeit zu schaffen, seine Fähigkeiten optimal zu entwickeln und zu einer selbstverantworteten Existenz zu finden, kann die arbeitsteilige Organisation der Wirtschaft in ihrer jetzigen Form rechtfertigen. Die kapitalistischen und die sozialistischen Länder wetteifern darin, die ständige Steigerung der Warenproduktion dem Ziel überzuordnen, menschlichen Fähigkeiten Gestaltungsraum zu schaffen.

Heute erkennt man zunehmend, welche Bedeutung es hatte, daß Lenin in einem »Prawda«-Artikel 1918 unter der Überschrift »Die nächsten Aufgaben der Sowjetmacht« empfahl, den neuesten Fortschritt des Kapitalismus, das Taylor-System, in der Sowjetunion einzuführen.

Auch an der Ausbeutung der Natur sind die unterschiedlichen Gesellschaftssysteme in Ost und West gleichermaßen beteiligt. Ist die These richtig, daß Ausbeutung der Natur und Ausbeutung des Menschen sich gegenseitig bedingen, dann führt diese Feststellung ebenfalls zu der Schlußfolgerung, daß der Unterschied der Systeme nicht so beschaffen ist, wie ihn die jeweiligen Apologeten in ihrer täglichen Litanei darstellen.

Die Folgen sind nicht mehr absehbar

Bei der Bezogenheit auf die Steigerung des materiellen Wohlstands, bei dem Bemühen, immer mehr Waren, Güter und Dienstleistungen zu produzieren, haben wir unabsehbare Folgen in Kauf genommen. Auch dieses Urteil gilt gleichermaßen für Ost und West. Rudolf Bahro brachte es auf die Formel: Der Kapitalismus rast dem Abgrund zu, der Sozialismus gibt sich alle Mühe, ihn zu überholen.

Adam Smith und Frederick Winslow Taylor haben sich in einem wichtigen Punkt geirrt. Nicht nur der arbeitende Arme ist – wie Adam Smith es ausdrückte – in den Zustand der Stupidität und Unwissenheit gefallen. Nicht nur derjenige, dessen reguläre Beschäftigung es ist, Roheisen zu verladen, verkümmert in seinen geistigen Fähigkeiten, wie Taylor es unglaublich herablassend beschrieb. Auch Kopfarbeiter haben den Prozeß der Arbeitsteilung über die wohl unvermeidbare Spezialisierung bis zum Exzeß hin getrieben. Das hat den Verlust der Fähigkeit, das Ganze zu sehen, bewirkt. Die Notwendigkeit, das Ganze zu sehen, ist aber Kern des ökologischen Denkansatzes.

Wir wissen aus der Biologie, daß die Überspezialisierung eine der Hauptursachen für das Aussterben der Arten ist. Angesichts des atomaren Pulverfasses, auf dem wir sitzen, ist infolge der Überspezialisierung, die einhergeht mit dem Verlust der Verantwortungsfähigkeit, das Aussterben unserer Gattung eine reale Möglichkeit geworden. In der modernen Wissenschaft hat die Überspezialisierung einen vor einigen Jahrzehnten noch nicht vorstellbaren Stand erreicht. In der Produktion setzt sie sich fort. Sie hat aber nicht nur das Denken derjenigen ergriffen, die als Kopf- oder Handarbeiter in der Produktion tätig sind, sondern sie bestimmt auch das Denken der politisch Verantwortlichen. In der Politik, die ja gerade versuchen sollte, das Detailwissen der Experten mit einer ganzheitlichen Sicht zu überdachen, dominiert ebenfalls das Expertentum.

Wir haben unter den Politikern Experten für Wirtschaftsfragen, für Sozialfragen, für Bildungsfragen, für Fragen der Technologiepolitik, für Abrüstung (ein Expertentyp, der auf seinem Gebiet noch nichts vorzuweisen hat), für Familienpolitik, für Umweltschutz, für Entwicklungshilfe. Dieses Heer von Experten schafft es selten, die Verbindung untereinander herzustellen, noch seltener gelingt es ihm, einen übergreifenden Politikentwurf zustande zu bringen. So drehen die Experten sich im Kreise. Wer sich zu sehr mit dem Detail beschäftigt, sieht vor lauter Bäumen den Wald nicht mehr, sieht nicht mehr, daß Hungertod, Arbeitslosigkeit, Naturzerstörung und atomare Rüstung das Integral dieses ganzen Expertentums sind.

Ehrfurcht vor dem Leben

»Alles, was dir der Nationalökonom an Leben nimmt und an Menschlichkeit, das alles ersetzt er dir in Geld und Reichtum«, schrieb Marx in seinen »Ökonomisch-philosophischen Manuskripten«. Gegenwärtig gilt es, das an Leben und Menschlichkeit zurückzugewinnen, was der zwanghafte Produktionswahn zerstört hat. Unser Ziel kann es heute nicht mehr sein, koste es, was es wolle, die Waren- und Güterproduktion zu steigern. Unser Ziel muß es sein, dem Leben und der Menschlichkeit wieder Raum zu schaffen.

Der hier geforderten Neuorientierung unseres Handelns liegt die Ethik Albert Schweitzers zugrunde: »Ich bin Leben, das leben will inmitten von Leben, das leben will.« Als erstrebenswert gilt ihm: Leben erhalten, Leben fördern, entwickelbares Leben auf seinen höchsten Wert bringen. Als verwerflich gilt ihm: Leben vernichten, Leben schädigen, entwickelbares Leben niederhalten. Diese Ehrfurcht vor dem Leben schließt ein den Frieden mit der Natur; sie hat ihre eigenen Gesetze, die wir nur bei Strafe des Untergangs ständig mißachten können.

Bei dieser »Umkehr zum Leben« haben wir erhebliche Widerstände in uns selbst zu überwinden. Die Unfähigkeit zu trauern wurde schon als Wesensmerkmal unserer Gesellschaft analysiert. Ihr vorgelagert ist die Unfähigkeit zum Leiden und Mitleiden. Niemand sollte der Selbsttäuschung erliegen, er hätte nicht teil an dieser Krankheit unserer Gesellschaft. Diese Unfähigkeit zu leiden und mitzuleiden ist Grundlage des zerstörerischen Prozesses, den wir weltweit beobachten. So hat das Wissen um den Hungertod in der Dritten Welt unser Handeln nicht verändert, und die Ausrede, wir hätten von allem nichts gewußt, wird uns später nicht zur Verfügung stehen. Aus panischer Angst vor dem Leiden verdrängen wir es. Nur wer fähig ist zum Leiden, ist fähig zum Mitleiden. Ist diese Fähigkeit zerstört, sind wir präpariert für unsere Kultur der Ausbeutung, der Unterwerfung und der Gewalt. Es entsteht ein Sozialgefüge der strukturellen Gewalt. Es entstehen soziale Verhältnisse, in denen den Menschen durch verschiedene Formen von Herrschaft, Abhängigkeit und Ausbeutung elementare Voraussetzungen zur Entfaltung ihrer Existenz vorenthalten werden. Wenn unsere Erfahrung von der Gewalt bestimmt ist, verändert sie unser Verhalten. Wenn wir Zerstörung erfahren haben, wird auch unser Verhalten zerstörerisch sein.

Der Psychoanalytiker Ronald D. Laing hat diese Entwicklung so beschrieben:

»Um unser wunderbares Bild von uns als Gottes Geschenk an die große Mehrheit der hungernden Spezies Mensch aufrechtzuerhalten, müssen wir unsere Gewalt nach innen richten auf uns und unsere Kinder; wir müssen die Rhetorik der Moral zu Hilfe nehmen, um diesen Prozeß zu beschreiben. Für eine Rationalisierung unseres kriegsindustriellen Komplexes müssen wir unsere Fähigkeit zerstören zu sehen, was unter unserer Nase geschieht, und uns vorzustellen, was jenseits unserer Nasenspitze beginnt. Lange vor Ausbruch eines thermonuklearen Krieges haben wir unseren eigenen Verstand verwüsten müssen. Wir fangen bei den Kindern an. Man muß sie rechtzeitig erwischen. Ohne eine sorgfältige und schnelle Gehirnwäsche würde ihr schmutziger Geist unsere schmutzigen Tricks durchschauen. Kinder sind noch keine Narren; wir werden sie jedoch zu uns ähnlichen Imbezilen machen – mit hohem Intelligenzquotienten, falls möglich. Vom Augenblick der Geburt an, wenn das Steinzeit-Baby sich der Mutter des 20. Jahrhunderts gegenübersieht, ist es jenen Kräften der Gewalt unterworfen, die man Liebe nennt – wie sein Vater und seine Mutter, wie ihre Eltern und deren Eltern vor ihnen. Diese Kräfte zielen vor allem auf die Zerstörung seiner meisten Anlagen. Im allgemeinen verläuft das Unternehmen erfolgreich. Mit fünfzehn ist daraus ein Wesen wie wir entstanden – eine halbtolle Kreatur, mehr oder weniger angepaßt an eine verrückte Welt. Das ist die Normalität in unserer Zeit. Liebe und Gewalt sind polare Gegensätze. Liebe läßt den anderen sein – mit Zuneigung und Rücksicht. Gewalt versucht, des anderen Freiheit einzuschränken und ihn zu zwingen, nach unseren Wünschen zu agieren – ohne jede Rücksicht und in Gleichgültigkeit gegenüber der Bestimmung des anderen. Wir zerstören uns selbst durch Gewalt, die sich als Liebe maskiert.«

Die Einsicht in diese Grunderfahrung menschlicher Existenz unter den Bedingungen struktureller Gewalt ist ein Schlüssel zum Verständnis unseres oft zerstörerischen Handelns.

Paul Tillich verdanken wir den Hinweis, daß der Sozialismus für Marx eine Widerstandsbewegung gegen die Zerstörung der Liebe in der gesellschaftlichen Wirklichkeit war. Welche Utopie verbirgt sich hinter diesem Satz, wenn man ihn mit der Realität konfrontiert! Unser Alltag ist geprägt von Arbeitslosigkeit und sozialer Not, von der Arbeitsteilung, den hierarchisch-militärischen Strukturen der Wirtschaft und der nach wie vor vorhandenen, die Natur plattwalzenden Tonnenideologie. Wir brauchen, wie Ernst Bloch es im »Prinzip Hoffnung« formuliert hat, keine Technik, die in der Natur wie eine Besatzungsarmee im Feindesland steht und vom Landesinnern nichts weiß, sondern eine Technik ohne Vergewaltigung, die keine Philanthropie für mißhandelte Metalle, wohl aber das Ende der naiven Übertragung des Ausbeuterstandpunktes auf die Natur ist.

Unsere Gesellschaft entdeckt die Gewaltlosigkeit immer dann, wenn in Demonstrationen gegen die Vergewaltigung des Menschen und der Natur aufbegehrt wird. Eine neue Politik muß Bedingungen schaffen, die es dem Menschen ermöglichen, zum anderen Menschen und zur Umwelt ein Verhältnis frei von Ausbeutung und Unterwerfung zu entwickeln. Jede Veränderung von Machtverhältnissen, die nicht diese veränderte Einstellung zur Macht und Umwelt zum Ziel hat, ist auch, wenn sie sich Revolution nennt, nur eine Neu- und Umverteilung von Unterwerfung und Ausbeutung.

Zu oft hat sich in der Geschichte das Urteil des Aufklärers Kant bestätigt: »Durch eine Revolution wird vielleicht ein Abfall von persönlichen Despotismen und gewinnsüchtiger oder herrschsüchtiger Bedrückung, aber niemals wahre Reform der Denkungsart zustandekommen; sondern neue Vorurteile werden, eben sowohl als die alten, zum Leitbande des gedankenlosen großen Haufens dienen.«

Bei allen Differenzierungen, die angebracht wären, reduziert sich der Systemunterschied in Ost und West auf die unwesentliche Feststellung: Im Kapitalismus beutet der Mensch den Menschen aus, im Sozialismus ist das umgekehrt.

Freiheit

Die Suche nach einem neuen Weg ist die Suche nach der Wiederherstellung der menschlichen Freiheit, des Rechts eines jeden Menschen, sein Leben soweit wie möglich selbst zu bestimmen. Da die Arbeit wesentlicher Bestandteil des Lebens ist, folgt daraus, daß Freiheit auch das Recht des Menschen ist, seine Arbeit soweit wie möglich selbst zu bestimmen. Es ist bekannt, daß die Konservativen, die das Wort Freiheit am meisten im Munde führen, den Menschen dieses Recht am Arbeitsplatz verweigern. Damit wird die Arbeit für die meisten Menschen zur Erfahrung von Unfreiheit und Abhängigkeit. Die Auswirkungen dieser Erfahrung auf unser Verhalten werden noch beschrieben.

Der Mensch soll also das Recht haben, sein Leben soweit

wie möglich selbst zu bestimmen. Die Grenze des »soweit wie möglich« ist durch den Anspruch des Mitmenschen gegeben, ebenfalls ein Leben in Freiheit führen zu können. Freiheit ist ohne einen Bezug zum Mitmenschen nicht denkbar. Christentum und Sozialismus postulieren Nächstenliebe oder Solidarität. Ein System, das auf Egoismus und Selbstsucht errichtet wird, führt notwendigerweise zur Unfreiheit. Die Väter der bürgerlichen Revolution in Frankreich wußten schon, warum sie neben die Freiheit die Gleichheit und die Brüderlichkeit setzten.

Oft hat sich ein falsches Verständnis von Solidarität herausgebildet. Solidarität nur auf die Gruppe bezogen, der man angehört, verkommt zur Kumpanei. Solidarität auf die Grenzen eines Staates oder einer Nation bezogen, ist Nationalsolidarität. Wahre Solidarität empfindet man entweder gegenüber allen Menschen oder überhaupt nicht. Dies gilt für das Verhältnis der gesellschaftlichen Gruppen, der Arbeitnehmer und Unternehmer, der verschiedenen Staaten und Gesellschaftssysteme. Wenn Solidarität als das Gegenteil von Bemächtigung und Unterwerfung verstanden wird, dann führt ein derart erweiterter Begriff auch zur Solidarität mit der Natur. Schon der Gedanke an zukünftige Generationen, an unsere Kinder und Kindeskinder, läßt den Wunsch entstehen, ihnen die Erde lebenswert zu erhalten.

Ihr mögt mit der Zeit alles entdecken, was es zu entdecken gibt, und euer Fortschritt wird doch nur ein Fortschreiten von der Menschheit weg sein. Die Kluft zwischen euch und ihr kann eines Tages so groß werden, daß euer Jubelschrei über irgendeine neue Errungenschaft von einem universalen Entsetzensschrei beantwortet werden könnte.

Bertolt Brecht

Der Fortschritt in der Sackgasse

In den vergangenen Jahrzehnten sind wir in Wissenschaft und Technik Zeugen eines beispiellosen Fortschritts geworden. Ein französischer Medizinprofessor erläuterte dies am Beispiel seines Fachs: Man stelle sich vor, ein Arzt sei im Jahre 1900 eingeschlafen und 1940 aufgewacht. Es hätten ihm einige Wochen genügt, um sich der Veränderung in den Behandlungsmethoden und bei den Medikamenten anzupassen. Angenommen, der Arzt wäre im Jahre 1940 eingeschlafen und 1950 aufgewacht, er hätte ein ganzes Jahr gebraucht, um auf den neuesten Stand zu kommen. Wäre der Mann nun 1950 eingeschlafen und 1980 aufgewacht, er hätte nochmals studieren müssen, um allein bei den Medikamenten den brillanten Fortschritt verfolgen zu können, obwohl die Revolution auf diesem Gebiet gerade erst beginne.

Nicht weniger erstaunlich war der wirtschaftliche Fortschritt. Steigende Arbeitsproduktivität ermöglichte in allen westlichen Industrieländern eine enorme Erhöhung des Sozialprodukts. In der Bundesrepublik betrug nominal das Bruttosozialprodukt 1960 noch 300 Milliarden DM, 1970 schon annähernd 700 Milliarden, 1983 bereits 1600 Milliarden, und in etwa sieben Jahren soll es sich auf runde zwei Billionen erhöhen, vorausgesetzt, die Prognosen erweisen sich als zutreffend. Hier allerdings melden sich Zweifel an.

Die Zeichen mehren sich, daß stetiges Wirtschaftswachstum, wie wir es bis Mitte der siebziger Jahre gewohnt waren – mit welchen Rezepten auch immer –, nicht mehr zu erreichen ist. Dennoch halten wir unbeirrt am Wachstumsziel fest, und die Politik will weitermachen wie bisher. Dabei stellt sich die

Frage, ob es überhaupt noch richtig ist, sich an das Wachstumsziel zu klammern. Angesichts dessen, was wir inzwischen über die sozialen Kosten und Umweltbelastungen wissen, die die moderne Industrieproduktion begleiten, ist ein zusätzlicher Ausstoß von enormen Warenmassen und Dienstleistungen eher bedrohlich als glückverheißend.

Das Sozialprodukt ist heute beträchtlich höher als zu Beginn der siebziger Jahre, als es nach allgemeiner Auffassung den meisten Bundesbürgern schon recht gutging. Die Renten waren sicher, das soziale Netz wurde ausgebaut, und die Arbeitslosigkeit spielte eine untergeordnete Rolle. Aber hat uns die Steigerung des Bruttosozialprodukts inzwischen weitergebracht? Die Sozialleistungen werden gekürzt; viele Menschen haben keine Arbeit und kein Einkommen. Die Alten sorgen sich um die finanzielle Sicherung ihrer Renten. Wohin geht aber der im Sozialprodukt ausgedrückte größere Wohlstand, wenn die meisten keine wesentlichen Verbesserungen verspüren und den Ärmsten sogar noch weggenommen wird? Ausschließlich in die Taschen der Reichen kann er nicht fließen.

Wissenschaftler haben inzwischen erkannt, daß sich ein Großteil des erzeugten Mehrprodukts nicht mehr real als Wohlstand niederschlägt, sondern lediglich dazu dient, die Produktion aufrechtzuerhalten beziehungsweise eine »wachstumsbedingte Verschlechterung der äußeren Lebensbedingungen zu verhindern, auszugleichen oder zu beseitigen« (Leipert). Je höher das Sozialprodukt ansteigt, desto größer scheint der Anteil dieser gesellschaftlichen Kosten zu werden. Es entsteht bereits der Eindruck, daß die wachstumsbedingte Verschlechterung unserer Lebensbedingungen größer ist als die wachstumsbedingten Gewinne.

Im Gegensatz zu dem eingangs erwähnten Medizinprofessor würde jedoch trotz Mikroelektronik und Gentechnologie heute kaum ein Wirtschaftswissenschaftler sagen, wir stünden am Anfang einer brillanten Entwicklung. Die Wirklichkeit ist zu bedrückend; überwunden geglaubte Wirtschaftskrankheiten wie zum Beispiel Massenarbeitslosigkeit sind zurückgekehrt, und man weiß nicht, wie man sie bekämpfen soll. Es ist so, als seien Pest und Cholera wieder in unserer Zivilisation aufgetaucht, und unsere fortgeschrittenen Mediziner – ratlos – müßten zugeben, keine Medikamente dagegen zu haben. Der Fortschritt krankt. Der Arzt, der die Krankheit erkennen soll, muß nach der Vorgeschichte fragen, sich ein Bild von den Ursachen und der Entstehung der Krankheit machen, ehe er die aktuellen Symptome einordnen und eine Diagnose wagen kann. Wir müssen uns also in groben Zügen vergegenwärtigen, wie sich der Fortschritt im Laufe der Geschichte entwickelt hat, wenn wir seinen heutigen Zustand beurteilen wollen.

Von Hesiod bis Francis Bacon

Im Gegensatz zu unseren Fortschrittserwartungen war für die griechischen Philosophen die Geschichte ein Prozeß des Verfalls. Der Geschichtsschreiber Hesiod teilte sie in fünf Zeitalter ein: das goldene, das silberne, das bronzene, das heroische und das eiserne Zeitalter. Jedes Zeitalter war auf dem Wege des Verfalls weiter fortgeschritten. Das goldene Zeitalter war nach Hesiod eine Periode des Überflusses und der Erfüllung. Die Menschen lebten darin wie Götter, ohne Betrübnis, fern von Mühsal und Leid. Dieses goldene Zeitalter fand ein Ende, als Pandora den Deckel ihrer Büchse öffnete, aus der alle Übel des Lebens hervorkamen. Im eisernen Zeitalter lagen dann die Menschen nach der Beschreibung Hesiods miteinander im Streit; sie waren weder bei Tage noch bei Nacht frei von Mühsal und Leid. Da die Griechen die Geschichte als Zerfallsprozeß verstanden, sahen Plato und Aristoteles als die beste soziale Ordnung die an, in der es zu den geringsten Veränderungen kam. Ziel war daher, den nächsten Generationen eine möglichst unveränderte Welt zu hinterlassen.

Im christlichen Weltbild ist das Leben eine Vorbereitung

auf das ewige Leben. In der frühen christlichen Theologie war die Geschichte die Abfolge von Schöpfung, Erlösung und Jüngstem Gericht. Die Vorstellung, daß die Menschen ihre Geschichte selber gestalten und die Schöpfung zum Positiven verändern, war ihr fremd. Die Menschen sahen sich als Kinder Gottes. Kirchenvater Augustinus lehrte, daß jedes menschliche Schicksal durch göttlichen Ratschluß vollständig vorherbestimmt sei. Das Streben des Menschen auf seiner Pilgerfahrt sollte es sein, die Erlösung zu suchen.

Im 13. Jahrhundert definierte der Franziskanermönch Roger Bacon Fortschritt als Fortschritt des Wissens und der Wissenschaft, die die Bestimmung habe, menschliche Einsichten zu vermehren und sie in instrumentelle Erfindungen umzusetzen. Es sei die Aufgabe jeder neuen, vom Fortgang der Zeit begünstigten Generation, den bisherigen Entwicklungsstand zu vervollständigen.

400 Jahre später, zu Beginn des 17. Jahrhunderts, erhielt der Begriff des Fortschritts eine andere Dimension. Fortschritt bedeute – so die These von Francis Bacon –, daß durch die fortwährenden technischen Neuerungen das Verhältnis der Menschen zum Althergebrachten eine völlig neue Qualität erhalten habe, so daß auch die Zukunft auf neuen Wegen zu suchen sei. Die These wird von der Vermutung begleitet, daß diese Erfindungen der Menschheit auf alle Zeiten Glück und Wohlstand bringen werden. In seiner utopischen Schrift »Nova Atlantis« hat Francis Bacon das Ziel des Fortschritts programmatisch formuliert: durch Umwandlung der Elemente, durch die Erzeugung künstlicher Stoffe, nicht zuletzt des Lebenselixiers, möglichst alles Machbare bewerkstelligen zu können. Die Wissenschaft war für den Staatsmann Francis Bacon, der sich selber gerne mit Christoph Kolumbus verglich, eine praktische Kunst. Diese praktische Umsetzung des wissenschaftlichen Fortschritts in der Technik sollte die Menschheit aus dem Naturzustand heraus zur Herrschaft über die Natur führen, da jeder Fortschritt der wissenschaftlichen Erkenntnis nach seiner rationellen Anwendung auf die

Natur verlange. Das theozentrische Weltbild war von dem anthropozentrischen abgelöst worden.

Nach dem Verlust der Geborgenheit der Gotteskindschaft mußte der Mensch einen neuen Sinn des Lebens suchen. Er fand ihn in dem Glauben, daß Naturwissenschaft und Technik die menschliche Existenz von einer Stufe niederer Entwicklung zu einer höheren Stufe fortschreiten ließen. Es entstand ein neues Bild vom Menschen. Der Naturzustand – so lehrte Thomas Hobbes – sei ein Kampf aller gegen alle. Im »Leviathan« schreibt er wörtlich: »Daraus ergibt sich klar, daß die Menschen während der Zeit, in der sie ohne eine allgemeine, sie alle im Zaum haltende Macht leben, sich in einem Zustand befinden, der Krieg genannt wird, und zwar in einem Krieg eines jeden gegen jeden.«

Einen ebenso entscheidenden Anteil an der gesellschaftlichen Entwicklung der damaligen Zeit hatte John Locke. Er war der Meinung, daß die Religion nicht die soziale Grundlage einer Gesellschaft sein könne, sondern daß diese ausschließlich aus Individuen bestehe, die ihre persönlichen Zielvorstellungen verfolgten. Der Eigennutz wurde zum Prinzip erklärt, nach dem die Gesellschaft funktionierte. »Die Negation der Natur ist der Weg zum Glück. Die Menschen müssen sich vollständig von der Natur emanzipieren«, meinte Locke und kam zu der Einsicht, daß »Land, welches vollständig der Natur überlassen bleibt..., reine Verschwendung ist«.

Ähnlich denken viele heute noch: Das technisch Machbare muß gemacht werden. Was sich Francis Bacon vor nun knapp 400 Jahren ausdachte, ist inzwischen fast alles verwirklicht worden: Wir können das Blühen der Pflanzen beschleunigen, Früchte und Tiere vergrößern, neue Arten züchten, Tierversuche mit Vivisektion und Giftstoffen vornehmen, abtöten und wiederbeleben, fruchtbar und unfruchtbar machen. In den utopischen, wissenschaftlichen Industrieanlagen Francis Bacons gibt es bereits Wetterstationen, Kühlhäuser, Klimakammern zur Krankenbehandlung, Wasserkraftwerke, Wolkenkratzer und Heizmaschinen. Die Tragweite – und auch die

Tragik – dieses Fortschrittsbegriffs aus dem Beginn des 17. Jahrhunderts begreifen die Menschen wohl erst heute angesichts der sich anbahnenden Umweltkatastrophe richtig. Ist der Sinn des Fortschritts der Sieg des Menschen über die Natur, so gerät die Natur zwangsläufig mit dem Fortschreiten des Wissens und der Technik immer mehr in die Rolle der Besiegten. Doch letztlich wird der Sieg des Menschen über die Natur ein Pyrrhussieg sein.

Der Verlust der Vernunft

In ihrem Buch »Die Zukunft des Fortschritts« schreiben die Autoren Johano Strasser und Klaus Traube, daß der in der Industriegesellschaft dominierende Begriff des Fortschritts seinen Ursprung in der Aufklärung habe. Die europäische Aufklärung relativierte im 18. Jahrhundert den als Herrschaftsverhältnis zwischen Menschen und Natur definierten Fortschrittsbegriff des 17. Jahrhunderts, indem sie ihn an den Begriff der Vernunft knüpfte: Fortschritt, jetzt als Vermehrung der Vernunft gedeutet, sollte zu einer vernünftigen Herrschaft des Menschen über die Natur führen. Doch in der Wirklichkeit moderner Industriegesellschaften ist der Fortschritt längst wieder von der Vernunft der Aufklärung zur bloßen Naturbeherrschung des frühen 17. Jahrhunderts zurückgeschritten. Gäbe es heute den allmächtigen Weisen, der allein nach den Regeln der Vernunft regiert, er würde bei der Verwendung der gesellschaftlichen Einkünfte mit Sicherheit andere Prioritäten setzen, als wir es tun.

Ist es denn mit der Vernunft vereinbar, daß die Fortschritte der menschlichen Naturbeherrschung aus der Erde einen atomaren Sprengkörper gemacht haben? Ist es vernünftig, daß sich die Supermächte einen Rüstungswettlauf leisten, der Unsummen verschlingt, wenn Millionen Menschen verhungern? Ist die organisierte Verschwendung der westlichen Welt rational, wenn gleichzeitig ein Drittel der Menschheit im

Elend verharrt? Ist es vernünftig, Milliarden auszugeben, um den Mars zu fotografieren, während die arbeitslosen Stahlarbeiter von Detroit für einen Teller Suppe Schlange stehen?

Es ist ein Skandal, daß eine Gesellschaft, daß eine Welt, die über die Produktionskapazität verfügt, allen ihren Bewohnern das notwendige Existenzminimum zu verschaffen, so viel Elend zuläßt. Mehr denn je gilt heute, was der Franzose Charles Fourier im Jahre 1808 im Hinblick auf die gesamte Erdbevölkerung niederschrieb: »Als wie gewaltig die Vernunft auch ihre Fortschritte darstellen mag, sie hat doch so lange nichts für das Glück getan, wie sie dem Menschen nicht jenen sozialen Wohlstand gegeben hat, den alle ersehnen. Ich verstehe unter sozialem Wohlstand einen abgestuften Reichtum, der selbst den Ärmsten vor Not bewahrt und ihm mindestens das Los sichert, das wir bescheidenen bürgerlichen Wohlstand nennen.«

Der Aberwitz des modernen technologischen Fortschritts kommt auch darin zum Audruck, daß selbst noch die vernünftigsten Erfindungen einem institutionalisierten Wahnsinn entspringen. Wenn auch so mancher es nicht wahrhaben will, so müßte doch jeder die Triebkräfte kennen, die der technologischen Entwicklung der letzten Jahrzehnte solch rasende Fahrt gegeben haben. Woher hätten beispielsweise Kernphysik, Kybernetik, Informatik, Radar-, Reaktor- und medizinische Forschung bis hin zur Revolution auf dem Gebiet der Antibiotika und Insektizide die schier unbegrenzten finanziellen und organisatorischen Mittel für ihre Experimente im großindustriellen Maßstab bekommen können, wenn nicht aus den rücksichtslos aufgeblähten Rüstungsbudgets: Für praktisch alle Gebiete der modernen Technologie sind der Krieg und seine Fortsetzung mit sogenannten friedlichen Mitteln im technischen Wettstreit der Großmächte zum Vater aller Dinge geworden. Nicht zweckfreie wissenschaftliche Neugier hält den Ansturm auf den Weltraum in Gang, sondern die militärische Raketenforschung mit ihrer entsprechenden Nachrichtentechnik, zudem bei dem erbitterten

Wettrennen um Macht und Einflußzonen willkommene, kommerzialisierbare und konsumierbare – oft sogar wertvolle – Nebenprodukte anfallen.

Hat es noch mit Vernunft zu tun, wenn eine künstliche, technische Welt den überkommenen, natürlichen Lebenszusammenhang und Lebensraum des Menschen immer stärker durchdringt, die geistigen und seelischen Bedürfnisse der Individuen immer stärker einebnet? Ist es vernünftig, die menschliche Psyche den Anforderungen der Bildschirme anzupassen? Wohin wird uns die »dritte industrielle Revolution« – die Revolution der Mikrochips und der Gentechnologie – noch bringen, bedarf es doch jetzt bereits unzähliger Individual- und Sozialtherapien, um das psychische und physische Gleichgewicht der Menschen in den industriellen Ballungszentren zu erhalten?

Jenes Prinzip des gesellschaftlichen Fortschritts, das die Philosophen der Aufklärung sittliche Vernunft nannten, war etwas ganz und gar anderes als die Ratio der fortschreitenden wissenschaftlich-technischen Naturbeherrschung. Weil beide Prinzipien heute miteinander verwechselt werden, weil die sittliche Vernunft dem modernen, wissenschaftlichen Fortschrittsbegriff abhanden gekommen ist, droht die Gesellschaft selber zur technisch beherrschbaren Materie zu werden. Weil die Vernunft, die einfache, erfahrene Lebensvernunft, mit der Entwicklung von Wissenschaft und Technik nicht Schritt halten konnte, ist das Zeitalter des Fortschritts ein Zeitalter der Neurosen und Psychosen geworden.

Universalität des Fortschritts

Die politische Utopie der Aufklärung war die der kommenden Weltgesellschaft – die Utopie einer jenseits aller Staatsgrenzen brüderlich und friedlich vereinten freien Menschheit. Auf die Verwirklichung einer solchen Utopie konnte nur hoffen, wer den Fortschritt der Vernunft zum universalen

Prinzip erhob, das die gesamte Menschheit gleichermaßen erfaßte. Konkret wurde damit dem aufgeklärten Europäer die Mission erteilt, die »Wilden« zu zivilisieren. Zwar verdammten die Aufklärer stets die wirtschaftliche Ausbeutung der »Wilden« durch die Europäer, sie glaubten aber dennoch, sich des weltumspannenden Handels und Verkehrs bedienen zu können, um diese zivilisatorische Mission zu erfüllen. Noch Hegel sprach von der welthistorischen Bedeutung des erdumspannenden Handels als dem größten Bildungsmittel. Was Wunder also, daß mit seiner Philosophie die Idee einer zivilisatorischen Mission der Fortgeschrittenen in die Arbeiterbewegung Eingang fand.

Geschichte war für den Hegel-Schüler Lassalle die nach den Gesetzen der Dialektik logisch erfaßbare Höherentwicklung der Vernunft. Mithin war für ihn das historische Recht stets auf seiten der jeweils fortschrittlichsten Nation, da einzig sie in der Lage sei, die weltgeschichtliche Höherentwicklung voranzutreiben. Lassalle rechtfertigte Eroberungskriege ausdrücklich mit dem »höheren kulturhistorischen Beruf« bestimmter Völker. Auch den revolutionären Terror sah er durch den sozialen Fortschritt gerechtfertigt, den er verwirklichen helfe. Gemessen an der Philosophie der Aufklärung hat die Position Lassalles an Menschlichkeit eingebüßt.

Wie anders dachte der Aufklärer Condorcet, dem wir unter dem Titel »Entwurf einer historischen Darstellung der Fortschritte des menschlichen Geistes« die ideengeschichtlich vielleicht wichtigste Abhandlung über den Fortschritt verdanken. Er wollte nicht unwidersprochen hinnehmen, daß jene Menschenrechte, für die er selber als Revolutionär gekämpft hatte, mit der Guillotine durchgesetzt werden. Er ging im Kerker zugrunde, ehe die Henker ihn der »Guillotine des Fortschritts« überliefern konnten.

Für die spätere Haltung der Sozialdemokratie in der Kolonialfrage ist das aufklärerische Gedankengut von der Universalität und der »zivilisatorischen Mission« des Fortschritts von Belang. Der Internationale Stuttgarter Sozialistenkongreß verurteilte 1907 zwar »die barbarischen Methoden kapitalistischer Kolonisation«, nicht aber die Kolonisation an sich. Vielmehr verlangte er »im Interesse der Entfaltung der Produktivkräfte eine Politik, die die friedliche kulturelle Entwicklung gewährleistet und die Bodenschätze der Erde in den Dienst der Höherentwicklung der gesamten Menschheit stellt«. Der deutsche Sozialdemokrat Singer gab die Stellungnahme der SPD mit den Worten wieder: »Das, was wir innerhalb der heutigen Gesellschaft können und was wir . . . auch bei der gegenwärtigen Kolonialpolitik fordern, das ist eine Zivilisationspolitik, eine Politik der Wahrnehmung der Rechte der Eingeborenen gegenüber den Eroberern.«

Ungleichheit des Fortschritts

Heute werden die Begriffe Fortschritt und Entwicklung häufig synonym verwandt. Wenn wir von Entwicklungsländern sprechen, meinen wir, daß ihre Entwicklung darin bestehen soll, sich weiterhin die technisch-wissenschaftlichen und wirtschaftlichen Fortschritte der westlichen Zivilisation anzueignen. Wir halten fest an der zivilisatorischen Mission des Westens, wir halten fest an der Universalität des Fortschritts. Mit Aufklärung hat dies freilich nichts mehr gemein, ist doch unser heutiger Fortschrittsbegriff ein anderer als der der Aufklärung. Längst ist auch das universalgeschichtliche Fortschrittsschema von der modernen Soziologie und Ethnologie in Frage gestellt worden. Daß zwischen dem »primitiven« Denken und dem unseren keine bloß zeitliche, sondern eine qualitative Differenz besteht, ist längst erwiesen. »Primitives« Denken ist kein unentwickeltes Anfangsdenken, sondern ein auf einer ganz anderen Rationalitätsebene als der unseren höchst entwickeltes Denken. Ein Beispiel für dieses »primitive« Denken entnehmen wir dem Buch »Geliebte Erde – Naturfrömmigkeit und Naturhaß im indianischen und europäischen Nordamerika« von Werner Müller.

„Die Falkata-Bohne gehört zu den Lieblingsgenüssen der Indianer. Gekocht, gestampft und mit Fleisch verzehrt, erhebt sie jede Mahlzeit zu einem Festessen. Jede indianische Hausfrau sucht im Herbst soviel einzuernten wie möglich. Nur bleibt die Ernte, unmittelbar durch den Menschen selbst, fast unmöglich, denn das dichte, kaum zerreißbare Geranke und die Verborgenheit im Boden hindern jeden nennenswerten Erfolg.

Die Indianer nützen deshalb die Arbeit eines Tiers, dem die Erdbohne ebenso schmeckt wie dem Menschen, der Wiesen- und Bohnenmaus. Im Herbst trägt diese Maus massenweise die Falkata in ihre unterirdischen Kammern und überdauert mit diesen Vorräten den langen frostigen Präriewinter. Das Ausheben des Baus lohnt also, und deshalb suchen die Indianer eifrig die Waldränder und Flußufer ab, um an dem Fleiß der Wiesenmäuse teilzuhaben.

Der Zeitgenosse wird diese Ausplünderung als Bestätigung seiner Weltauffassung werten. Der Kampf ums Dasein, das Recht des Stärkeren, die Macht als letzte Instanz – man kennt diese Fragwürdigkeit der darwinistischen Bildung. Allein hier, bei der pensylvanischen Wiesenmaus, kentert der zeitgenössische Realitätenwahn. Die Sache bekommt ein anderes Gesicht durch die Haltung der Indianer, die einen anderen Menschentyp mit anderen Wertungen und Auffassungen vor uns hinstellen.

Man darf, so erklären die befragten Angehörigen der Präriestämme, der Wiesenmaus nicht alle Bohnen wegnehmen: Es sei Bosheit, das schwache und wehrlose Tier seiner sämtlichen Vorräte zu berauben. Man müsse vor der Suche Herz und Gemüt vorbereiten. Niemals dürfe das Gefühl für die Rechte aller lebenden Dinge, Pflanzen und Tiere, verloren gehen. Man müsse Sinn haben für die gegenwärtige Abhängigkeit alles Lebendigen, für die Verpflichtung des Menschen gegenüber der ganzen Natur und allen geheimnisvollen Mächten. Wer auf diese Suche gehe, dürfe nur gute Gedanken haben und habe jedes boshafte und bittere Gefühl abzulegen. Und besonders soll er denken an seine Schuld gegenüber der Bohnenmaus, von der er solche Gunst erbittet.

Der Indianer nähert sich also den Vorräten des Tieres nicht als Räuber, sondern mit der Bitte, einen Teil der Vorräte abzugeben. Gilmore, dem wir diese Nachrichten verdanken, bemerkt, er habe bei sämtlichen Präriestämmen ein starkes Gefühl der Zuneigung für das kleine Tier gefunden. Immer wieder sei ihm versichert worden: ›Die Bohnenmäuse sind sehr fleißige Leute, sie helfen sogar den Menschen.‹ Niemals nimmt ein Indianer Früchte weg ohne Gegengabe. Er lege dann an ihrer Stelle Mais, Speck oder Fett, und so hätten die Mäuse doch auch einen Nutzen von dem verschwundenen Teil ihres Unterhalts. Die Indianer betrachten die Arbeit der Maus mit Bewunderung und Ehrfurcht. Im Herbst, wenn die Fäden des Indianersommers über das Land wehen, wandern die Leute oft allein hinaus und setzen sich bei einer solchen Vorratskammer auf ein stilles Plätzchen, dankbar nachsinnend über die Mysterien des Lebens.«

Was diese »Primitiven« von der Natur wissen, haben wir vergessen.

Aus den unterschiedlichen Denkstrukturen der traditionellen Kulturen kann man nicht Ungleichheit, sondern allenfalls Andersartigkeit der Völker ableiten. Wenn aber nun als Maßstab überall derselbe quantitative Fortschrittsbegriff herrscht, der die Produktivitätssteigerung, die Vermehrung der Konsumgüter, das wirtschaftliche Wachstum als ausschließliches Ziel propagiert, dann wird der Abstand der verschiedenen Gesellschaften von diesem gemeinsamen Ziel um so deutlicher. Die ursprüngliche Andersartigkeit erscheint jetzt als objektive Tatsache der Ungleichheit, weil sie sich in Zahlen ausdrücken läßt. Wir haben die Völker der Dritten Welt glauben gemacht, daß nur die auf wirtschaftliche Produktivitätssteigerung abgerichtete, technologische Ratio der modernen Industriegesellschaften Fortschritt bedeute. Ein solcher Fortschrittsbegriff nährt den Dünkel des Fortgeschrittenen gegenüber dem Zurückgebliebenen.

Die industrielle Entwicklung schuf die materielle Voraussetzung dafür, daß die große Mehrheit der Menschen in den Industrieländern ein Wohlstands- und Konsumniveau erreicht hat, das vorher nicht für möglich gehalten wurde. Gleichzeitig konnte ein System der sozialen Sicherheit errichtet werden, das viele soziale Mißstände beseitigt hat. Der technisch-industrielle Fortschritt beschränkte sich nicht nur auf die westlichen Industrieländer, sondern er bescherte auch den Menschen in den östlichen Industrieländern trotz auftretender Versorgungsengpässe einen relativen Wohlstand.

Die Entwicklungsländer blieben jedoch vom wirtschaftlichen Fortschritt weitgehend ausgeschlossen. Zwar weisen auch sie in sehr unterschiedlichem Maße in ihrer ökonomischen Statistik Zuwachsraten auf, daß sich aber dort in breiten Bevölkerungsschichten Wohlstand gebildet habe, wird niemand behaupten. Vielmehr breiten sich Hunger und Verelendung aus. Der auf Produktivitätssteigerung programmierte Fortschritt hat die Ungleichheiten des Konsums innerhalb der hochindustrialisierten Gesellschaften verringert, die Ungleichheit zwischen den höher und geringer industrialisierten Gesellschaften jedoch vergrößert. Vor 150 Jahren schokkierte viele Menschen, daß unmittelbar neben den Fabriken, aus denen so viel Reichtum strömte, diejenigen im Elend verkamen, die diesen Reichtum erzeugten. Diese Form des Elends scheint in den hochindustrialisierten Ländern überwunden zu sein. Heute aber muß es nicht weniger schockieren, daß Völker der Dritten Welt in Armut und Hunger dahinsiechen, während gleichzeitig in den Industrieländern alle Schichten der Bevölkerung – wenn auch in unterschiedlichem Ausmaß – an den Wohltaten des kollektiven Fortschritts teilhaben. Unser Fortschritt hat also auch eine Kehrseite.

Dialektik des Fortschritts

Unlösbar mit dem Fortschrittsbegriff der Aufklärung verbunden war die Fortschrittskritik. Die Diskrepanz zwischen der Rationalität des wissenschaftlichen Fortschritts und der sittlichen Verfassung der Gesellschaft ist von den Philosophen des 18. Jahrhunderts klar erkannt worden. Für die einen ergab sie sich lediglich aus einem vorläufigen Rückstand der sittlichen Vernunft gegenüber der wissenschaftlichen Erkenntnis, die der künftige Fortschritt aufheben werde; für die anderen war sie Verhängnis. »In dem Maße, in dem unsere Wissenschaft und Künste zur Vollkommenheit fortschritten, sind unsere Seelen verderbt worden«, sagt Rousseau.

Das Verhängnis des Fortschritts liegt in seinem ungeheuren Erfolg. Die Fortschritte der Wissenschaft haben den modernen Menschen in die Lage versetzt, eine künstliche Kräftewelt zu formen, der er nicht mehr entrinnen kann, die er nicht einmal mehr richtig zu beherrschen scheint. Der Mensch als Zauberlehrling ist zum Gefangenen der eigenen Schöpfungen geworden. Die Welt, die er selber geschaffen hat, hat sich ihm entfremdet. Prometheus raubte das Himmelsfeuer, um es den Menschen zu schenken. Zur Strafe wurde er von den Göttern in Fesseln gelegt. Aus dem Fortschritt der menschlichen Naturbeherrschung erwächst eine Zwangsläufigkeit, die bewirkt, daß sich der Mensch durch eigenes Können zugleich befreit und fesselt.

In ihrer »Dialektik der Aufklärung« haben Max Horkheimer und Theodor W. Adorno diese Zwangsläufigkeit des Fortschritts beschrieben: »Die Naturverfallenheit der Menschen heute ist vom gesellschaftlichen Fortschritt nicht abzulösen. Die Steigerung der wirtschaftlichen Produktivität, die einerseits die Bedingungen für eine gerechtere Welt herstellt, verleiht andererseits dem technischen Apparat und den sozialen Gruppen, die über ihn verfügen, eine unmäßige Überlegenheit über den Rest der Bevölkerung. Der einzelne wird gegenüber den ökonomischen Mächten vollends annulliert.

Dabei treiben diese die Gewalt der Gesellschaft über die Natur auf nie geahnte Höhe. Während der einzelne vor dem Apparat verschwindet, den er bedient, wird er von diesem besser als je versorgt. Im ungerechten Zustand steigt die Ohnmacht und Lenkbarkeit der Masse mit der ihr zugeteilten Gütermenge.«

In dem Maße, wie der Fortschritt die Menschen in ein Dilemma zwischen Befreiung und Unterwerfung stürzt, heute sogar in ein Dilemma zwischen Wohlstand und Vernichtung, in dem Maße müssen wir ihn bejahen und zugleich bekämpfen. Die grundsätzliche Ablehnung des Fortschritts, wie wir sie aus der Romantik kennen, oder seine Verwerfung in der pessimistischen Philosophie Schopenhauers, Nietzsches, Spenglers oder Heideggers ist ebenso problematisch wie die Heilserwartung, die an ihn geknüpft wird. Man kann es sich nicht einfach machen und sagen, wir verneinen den Fortschritt, der uns fesselt, und wir bejahen den Fortschritt, der uns befreit. Das Dilemma ist ja gerade, daß beides nicht voneinander zu trennen ist.

Im Zuge der Industrialisierung überwog im vergangenen Jahrhundert die positive Bewertung des Fortschritts, denn die Errungenschaften der sozialen Wohlfahrt, der Medizin, der Bildung kamen vielen zugute. Durch die Steigerung der Arbeitsproduktivität wurde eine wachsende Zahl auch jener Konsumgüter, die vorher zum Luxus einer kleinen Schicht von Reichen gehört hatten, allgemein zugänglich. Obwohl diese Produktivitätssteigerung alle Erwartungen übertraf, ist das Produktionsproblem bis heute nicht gelöst, denn selbst in den reichsten Ländern lassen sich die vielen Wünsche, die ständig geweckt werden, nicht befriedigen.

Erich Fromm hat in seinen Büchern darauf hingewiesen, daß die Jagd nach immer mehr Konsum die Menschen nicht glücklich macht. Inzwischen gilt einer ständig wachsenden Zahl von Menschen unbegrenzter Konsum nicht mehr als erstrebenswertes Ziel. Im übrigen hat die Jagd nach Konsumgütern, die zum Luxus einer kleinen Schicht gehören, ohnehin ökonomische Grenzen, auf die Fred Hirsch hingewiesen hat. Er rechnet zu ihnen Antiquitäten, einsame Wohnlagen, aufwendige Dienstleistungen und ähnliches. Der Besitz dieser Güter wird aber immer noch angestrebt, weil er einen überlegenen sozialen Status beweisen soll. Ein allgemeiner Wettlauf nach diesen Statusgütern kann aber nur in Frustration enden, da ein genereller sozialer Aufstieg bei wachsender Bewerberzahl nicht möglich ist. Bei der Besetzung sozialer Positionen handelt es sich um ein Nullsummenspiel, bei dem einer nur das gewinnen kann, was der andere verliert – ein weiteres Dilemma des Fortschritts.

Der Fortschritt als ethisches Problem

Das klassische Postulat, wonach der Fortschritt den Menschen automatisch Glück und Freiheit bringt, hat sich als Illusion erwiesen. Das Dilemma des Fortschritts zwingt uns, stets zwischen Gewinn und Verlust abzuwägen. Zum Abwägen aber braucht man ein Maß. Für den Philosophen Kant war dieses Maß die Ethik.

Kant hat sich als erster der Widersprüchlichkeit des Fortschritts grundsätzlich gestellt. Er verstand Fortschritt als ein Fortschreiten der menschlichen Gattung vom Schlechteren zum Besseren, das sich nach einem verborgenen Plan der Natur vollziehe. Das Dilemma des Fortschritts rühre daher, daß zwar die Entwicklung der menschlichen Gattung nach diesem verborgenen Naturplan verlaufe, nicht aber die der einzelnen Menschen. Das Individuum wäre nicht frei, wenn es einer naturgesetzlichen Entwicklung gehorche. Der freie Mensch müsse durch seine eigene sittliche Tätigkeit die unterschiedliche Entwicklung der Gattung und der Individuen wieder zur Deckung bringen. Erst durch seine sittlich-moralische Tätigkeit verwandle sich der Mensch aus einem mit »Vernunft begabten Tier« in ein »vernünftiges Tier«. Indem Kant den Begriff des Fortschritts dem moralischen Handeln unterwarf, indem er das freie Individuum in die Verantwortung setzte, machte er den Fortschritt zu einem Problem der Ethik.

Und in der Tat kann die Zwangsläufigkeit des dem Fortschritt innewohnenden Widerspruchs nur durch die freie, verantwortliche, sittliche Entscheidung des Menschen aufgehoben werden. Diese sittliche Entscheidung muß darauf hinauslaufen, den technischen und materiellen Fortschritt so anzuwenden, daß individuelles Glück und individuelle Freiheit vergrößert werden. Freiheit ist aber nicht allein – wie viele Konservative und Liberale meinen – die Möglichkeit, zwischen verschiedenen politischen Parteien zu wählen, das Recht, ungestraft seine Meinung zu sagen, das Recht, sich frei über die Grenzen zu bewegen – Freiheit ist auch die Selbstbestimmung des Menschen in seiner Arbeit.

Wer über die Problematik des Fortschritts nachdenkt, kommt nicht umhin, über die gesellschaftlichen Verhältnisse der menschlichen Arbeit nachzudenken, denn in ihrer Arbeit realisieren die Menschen auch einen Teil ihrer Freiheit oder Unfreiheit. Er wird auch nicht umhin kommen, über das Verhältnis des Menschen zur Natur nachzudenken, denn der wissenschaftliche Fortschritt ist Fortschritt in der Beherrschung der Natur, und der wirtschaftliche Fortschritt ist Fortschritt in der Ausbeutung der Natur. Fortschritte auf diesen Gebieten haben uns mittlerweile die Möglichkeit eröffnet, zwischen zwei Wegen der Selbstvernichtung wählen zu können: dem schnellen Untergang in einem atomaren Inferno oder dem langsamen Sterben nach einem Zusammenbruch unserer natürlichen Umwelt. Wir sollten die dritte Möglichkeit wählen: die zu leben.

Was für eine Anmaßung ist es doch im Grunde, die Summierung von materiellen Produkten, die Vermehrung lebloser und seelenloser Konsumgüter mit dem Begriff des Wachstums zu bezeichnen, dem Inbegriff des Lebendigen. Womöglich konnte sich die Vorstellung vom wirtschaftlichen Wachstum gerade deshalb in den Köpfen der Menschen so schnell und so nachhaltig festsetzen, weil sie die Assoziation von immerwährendem Leben auslöst. Womöglich ist gerade die Usurpation dieses Begriffs Grundlage ihres sich ständig steigernden Konsumbedürfnisses. Im Leben findet das Wachstum unweigerlich immer ein Ende, die Phase des Abbaus beginnt, und schließlich kommt der Tod. Wie konnte die Menschheit das vergessen?

Fortschritt ohne Ende?

Niemals zuvor in der Geschichte ist Fortschritt so ausschließlich auf die technisch-organisatorischen Fortschritte der wirtschaftlichen Produktivitätssteigerung reduziert worden wie in den Nachkriegsjahrzehnten. Die Wachstumstheorie, von Colin Clark erstmals 1940 in »Die Voraussetzung des wirtschaftlichen Fortschritts« aufgestellt, ergriff vom Bewußtsein der Menschen völlig Besitz. Die einzig noch anerkannte Ordnung des sozialen Wandels war fortan die des unbegrenzten wirtschaftlichen Wachstums. Selbst die uralte biblische Furcht, daß auf sieben fette Jahre sieben magere Jahre folgen, war aus dem Gedächtnis der Menschen getilgt. Auf den Wechsel von Glück und Unglück wollte niemand mehr gefaßt sein; jeder erwartete nur noch die regelmäßige Verbesserung seines Schicksals. Der feste Glaube, daß sich Bruttosozialprodukt und Einkommen von Jahr zu Jahr in alle Ewigkeit steigern ließen, wurde zur Selbstverständlichkeit. Es schien ausgemacht, daß jede Generation immerfort über eine größere Menge Güter verfügen könne als die vorherige. Ganze Systeme der sozialen Sicherheit wurden im blinden Vertrauen auf diesen Glauben konstruiert. Der konservative französische Soziologe Raymond Aron schreibt in seinem 1968 erschienenen Buch »Fortschritt ohne Ende?«:

»Die Verbreitung dieser Geschichtsphilosophie fällt in die letzten 20 Jahre; sie ist die gemeinsame Denkart der Intellektuellen, der Halbintellektuellen und der Staatsmänner der westlichen Welt erst nach dem 2. Weltkrieg geworden . . . Nationalökonomen und Soziologen schreiben den Gesellschaften als Ziel vor allem zu, mehr und besser zu produzieren; sie sakralisieren die Wachstumskoeffizienten, zitieren sie, als ob an ihnen die Verdienste eines Regimes oder einer Regierung genau abzulesen wären, sie suchen nach den Ursachen des Wachstums, also nach den Faktoren der Produktivität; von da gehen sie unvermeidlicherweise zur Wissenschaft über, zur Physik, welche die Fabrikation der Maschinen ermöglicht, zur Chemie, die in der Natur nicht vorhandene Stoffe schafft, zur Medizin und Hygiene, welche die durchschnittliche Dauer des menschlichen Lebens vergrößern, zur Elektronik, welche das Gehirn und nicht nur die Hand des Arbeiters durch Instrumente ersetzt.«

Die »Fortschrittskurven« der letzten drei Jahrzehnte sind nicht so sehr Kurven des Wachstums, sondern eher Fieberkurven einer Epidemie. Ihre Fortschreibung über weitere Jahrzehnte hinweg müßte zum schlechthin Absurden führen, zum Erstickungstod in Bevölkerungsdichte, Verkehrsdichte und Wohlstandsschutt. Wer glaubt, die historische Anomalie solcher Wachstumsraten könne von Dauer sein, der kennt die Geschichte nicht, sonst wüßte er, daß solche Kurven in der Vergangenheit nie zu Ende gelaufen sind. Sie können auch jetzt nicht so weiterlaufen, ohne durch eine Kettenreaktion von Katastrophen unterbrochen zu werden.

Seit einigen Jahren werden sich die Menschen dieser Tatsache wieder bewußt. Immer stärker spüren sie ein Unbehagen an der Anhäufungs- und Wegwerfmentalität. Vor 15 Jahren begann – ausgelöst durch Veröffentlichungen wie »Die Grenzen des Wachstums« (Meadows) – eine breitere Öffentlichkeit auch über die Kehrseite des industriellen Fortschritts nachzudenken. Ausgehend von der Tatsache, daß auf einer endlichen Erde Rohstoffe und Energieträger nicht unendlich zur Verfügung stehen, wurde für den Fall der Beibehaltung des gegenwärtigen Wachstumstempos eine rasche Erschöpfung dieser Ressourcen prognostiziert. Naturwissenschaftler gaben zu bedenken, daß Energieumwandlung und Materialverbrauch nicht ständig gesteigert werden können, ohne daß die natürliche Umwelt schwere Schäden erleidet.

Die wachsende Vergiftung von Luft, Erde und Wasser durch großtechnische Anlagen tritt ebenso ins Bewußtsein wie das Strahlenrisiko der Kernenergie. Seither ist die Diskussion über ökologische Fragen nicht mehr verstummt. Zwar wurden einige politische Maßnahmen gegen die wachsende Umweltverschmutzung ergriffen, nichtsdestoweniger hat sich die Lage hier bei uns wie überall auf unserem Planeten verschlechtert. In Brasilien werden derzeit bei der wirtschaftlichen Erschließung Amazoniens riesige Ökosysteme zerstört; bei uns nimmt das Waldsterben rapide zu. Der Wald stirbt aber nicht allein, die schleichende Umweltzerstörung, das Aussterben vieler kleiner Pflanzen- und Tierarten, wurde lange Zeit überhaupt nicht beachtet.

Zu bedrohlich stiegen zunächst andere Gefahren vor unseren Augen auf, Gefahren, die das Überleben der Menschheit in Frage stellen. Glaubte man zur Zeit der Entspannungspolitik noch, sich im Gleichgewicht des Schreckens friedlich einrichten zu können, so ist in den letzten Jahren der Schrecken einer atomaren Katastrophe wieder auferstanden. Fortschritten in der Rüstungstechnik »verdanken« wir es, daß begrenzte atomare Kriege in den Planungen der Militärs als denkbar und – welch ein Wahnsinn – sogar als gewinnbar auftauchen. Sie glauben den alten Menschheitstraum von der Unverwundbarkeit verwirklichen zu können. Im Weltraum sollen Systeme entstehen, die gegnerische Raketen schon beim Start oder Anflug unschädlich machen können.

25 Jahre nach Godesberg

Dieselben Technologien, denen wir die Probleme zuzuschreiben haben, sollen uns diese auch lösen helfen. War es vor zwanzig Jahren die friedliche Nutzung der Atomenergie, die uns billigen Strom und ein paradiesisches Leben verhieß –

wobei die tödliche Strahlengefahr verharmlost wurde –, so liefert heute die Gentechnik vergleichsweise die Voraussetzung für eine »zweite Kernspaltung«, den möglichen Eingriff in das Erbgut von Lebewesen. Im anbrechenden genetischen Zeitalter sollen auf diese Weise Bakterien geschaffen werden, die als schädlich erkannte Stoffe vernichten und andere für nützlich erachtete Substanzen produzieren können. Seit kurzem werden so Insulin und Interferon hergestellt. Die Gefahren, die aus den unübersehbaren Mißbrauchrisiken neuer Technologien und ihrer nicht garantierten gesellschaftlichen Kontrolle erwachsen, werden bewußt heruntergespielt.

Ökologische Grenzen scheinen immer noch nicht zu existieren. Zwar werden natürliche Ressourcen immer knapper; auch hat die Industriezivilisation die Grenzen der erträglichen Umweltbelastung schon weit überschritten. Dennoch scheinen alle diese Probleme mit dem in Ost und West übereinstimmenden Vorschlag lösbar: Steigerung des Bruttosozialprodukts. Ökonomische Grenzen – sei es nur, daß einer langen Wachstumsperiode eine Stagnationsphase folgen könnte – tauchen in den Überlegungen gar nicht erst auf. Zwar bleibt das tatsächliche Wirtschaftswachstum schon geraume Zeit hinter den prophezeiten Wachstumsraten zurück, aber um so mehr versucht man, sie um jeden Preis doch noch zu erreichen. Nachdem in den letzten Jahren die keynesianische Methode nicht greifen konnte, probiert man es nun mit einem Rückgriff auf die fünfziger Jahre, aber auch dieses Unternehmen wird mißlingen.

Schon spukt in einigen Köpfen eine große Koalition der beiden großen Volksparteien. Wenn man es einzeln nicht geschafft hat, mit dem Kopf durch die Wand zu kommen, könnte es ja gelingen, wenn man mit zwei Köpfen gleichzeitig dagegen anrennt. Applaudierende Zuschauer sind jedenfalls schon da. Aber ein »zu quantitativem Wachstum verflachter Fortschritt« (Iring Fetscher) bietet keine gemeinsame politische Perspektive. Er hat uns in die Krise geführt; wir werden nicht mit den gleichen Mitteln wieder herausfinden. Verzweiflung darüber kann aber nur denjenigen befallen, dessen Denken auch bereits so weit verflacht ist, daß er sich menschlichen Fortschritt nur noch über die Erhöhung des Bruttosozialprodukts vorstellen kann.

Willy Brandt hat auf einer Veranstaltung »25 Jahre nach Godesberg« hierzu ausgeführt: »Ich gehöre nicht zu den Leuten, die mit dem Fortschrittsbegriff immer weniger anzufangen wissen, weil sie sich immer weniger Vernünftigeres unter Fortschritt vorstellen können ... Die moderne Arbeiterbewegung war angetreten, eine Gesellschaft ohne Ausbeutung, ohne Erniedrigung, ohne Not zu schaffen, eine Gesellschaft der Freien und Gleichen, eine Gesellschaft, in der das gute Leben kein Vorrecht des Standes oder der Klasse mehr sein sollte. Wer Augen hat zu sehen, der sieht, daß dieses Ziel lange nicht erreicht ist: nicht daheim und schon gar nicht in der weiten und dabei noch immer aufeinander angewiesenen Welt. Damit das Ziel erreicht werde, ist Fortschritt nötig, nach wie vor.«

Ich möchte dem zustimmen und hinzufügen, daß auch ein so definierter Fortschritt in Zukunft noch weniger als bisher über Wachstumsraten zu erzielen sein wird: Die Verteilungsfrage wird sich anders stellen. Dies dürfte aber weder den schrecken, der das Gebot der christlichen Nächstenliebe auf seine Fahnen geschrieben hat, noch den, der vom Grundsatz der Solidarität beseelt ist. Willy Brandt schließt seine Überlegungen zum Fortschritt: »Der Begriff bleibt indes nicht allein in dieser sozusagen klassischen Fassung sinnvoll. Um Fortschritt geht es gerade auch dann, wenn die menschliche Existenz schlechthin gefährdet ist ... Ich bin überzeugt: Ob diese Welt eine friedliche werden wird, ob auch noch unsere Enkel ihre Luft atmen, ihr Wasser trinken können, ob auf ihr die sinnvolle Arbeit eine Chance hat und der Mensch, der mit ihr sein Leben bestreitet, das wird nicht zuletzt davon abhängen, wie viele Fortschritte wir Sozialdemokraten auf dem Weg zur gemeinsamen Sicherheit, zur Versöhnung mit der Natur, zur Humanisierung der Arbeit machen werden.«

Der andere Fortschritt

Wir brauchen den anderen Fortschritt, er kann mit Sicherheit keine Fortsetzung des bisherigen sein. Der andere Fortschritt, das ist gewiß auch Vermehrung des Wohlstands, Vermehrung sogar des materiellen Wohlstands – eines Wohlstands allerdings, der anders, gerechter in der Welt verteilt sein müßte; eines Wohlstands mit Maß und Vernunft, keines Wohlstands zum Wegwerfen und Neukaufen. Der andere Fortschritt aber ist vor allem Vermehrung der Qualität, nicht der Quantität: Qualität der Konsumgüter, Qualität der Bildung, Qualität der Kommunikation und ihrer Mittel, Qualität der Arbeit, Qualität der Umwelt, Qualität des Lebens und letztlich – wenn man sieht, wie inhuman-apparativ heute vielfach Menschen sterben müssen – auch Qualität des Todes, der zum Leben gehört.

Der andere Fortschritt ist die Vermehrung der gesellschaftlichen und individuellen Freiheit, ist – wie Hegel sagt – Fortschritt im Bewußtsein der Freiheit, Fortschritt in dem Bewußtsein, daß alle Menschen als Menschen frei sind. Der andere Fortschritt soll den Menschen wieder in die Verantwortung setzen – auch und vor allem im Prozeß seiner Auseinandersetzung mit der Natur und in der Arbeit. Der andere Fortschritt soll – wie Marx sagt – alle Verhältnisse umwerfen, »in denen der Mensch ein erniedrigtes, ein geknechtetes, ein verlassenes, ein verächtliches Wesen ist«. Der andere Fortschritt will die Menschlichkeit in den Mittelpunkt des politischen Handelns stellen, der Mensch steht weder unter dem Staat noch über der Natur. Solange wir aber mit den Begründern der modernen Naturwissenschaft voraussetzen, daß die Natur nur den Zwecken des Menschen dient, ist nicht abzusehen, wie sich am Dilemma des Fortschritts etwas ändern sollte.

Es ist höchste Zeit, radikal mit einem Fortschrittsbegriff zu brechen, der nur die Fortschritte der Naturbeherrschung wahrnimmt, nicht aber den durch sie verursachten Rückschritt der gesellschaftlichen Entwicklung. Die Kommunikationsforscher beispielsweise haben uns oft genug vor den Folgen medientechnologischer Neuerungen gewarnt. Es wäre fatal, wenn der Bildschirm in Zukunft das Lesen ersetzte. Gelesenes zu verstehen erfordert die intellektuelle Anstrengung des Abstrahierens. Visuelle Bildschirmzeichen und Fernsehbilder aber sind unvermittelt verständlich; sie fordern nicht Reflektion, sondern Reaktion heraus. Der Mensch, der mit nichts anderem mehr gefüttert wird als mit solchen Bildern, könnte die Fähigkeit zur Abstraktion, die er beim Lesen trainiert, wieder verlieren. Das Denken würde verkümmern.

Auf diese Gefahren hat Bundespräsident Richard von Weizsäcker zu Beginn des Jahres 1985 hingewiesen. Richard von Weizsäcker sagte, er sei beunruhigt darüber, daß man alles mögliche auf der Welt erforsche, aber die Wirkung der elektronischen Medien auf die menschliche Seele und den menschlichen Geist bisher vernachlässigt habe. Er betonte, daß es gerade für Heranwachsende wichtig sei, eigene Erfahrungen zu sammeln und handwerkliche sowie musische, kunstbezogene, auf die Phantasie gestützte Eigenschaften zu entwickeln. Die Möglichkeit eigener Erlebnisse dürfe dem jungen Menschen nicht verbaut werden durch irgendwelche Ersatzangebote von Reizen, die geeignet seien, ihn »seelisch und in bezug auf seine Erlebniswelt gleichzuschalten«. Als Folge einer zu geringen Entwicklung eigener schöpferischer Kräfte nannte Weizsäcker psychische Krankheiten, Drogensucht, das Gefühl, sich nicht zu bewähren, nicht angenommen zu sein, nicht gebraucht zu werden. Hier liege ein neues Gebiet der Verantwortung von Wissenschaftlern und Politikern.

Der andere Fortschritt fordert deshalb auch Verzicht: in erster Linie Verzicht darauf, das technisch Machbare nur um seiner selbst willen zu machen; Verzicht aber auch auf Konsum nur um des Konsums willen gemäß der Logik kapitalistischer Profitmaximierung; Verzicht der Staaten auf das Potential der gegenseitigen Vernichtung; Verzicht auf die Drohgebärde als Mittel der zwischenstaatlichen Politik; Verzicht auf die Unterdrückung und Ausbeutung des Menschen und nicht zuletzt Verzicht auf die rücksichtslose Ausbeutung und Belastung der Natur. »Was der Mensch dem Menschen und der Natur angetan hat, muß aufhören...«, sagte Herbert Marcuse schon vor Jahren, »dann erst und dann allein können die Freiheit und die Gerechtigkeit anfangen.«

So gesehen ist Voraussetzung des anderen Fortschritts ein Moment des Stillhaltens, der Besinnung. Es kann nicht weitergehen wie bisher. Der Fortschritt hat sich verrannt, ist in eine Sackgasse geraten.

Abstrakt ist ein Fortschritt denkbar, der weniger darin gipfelt, das materielle Potential an technischen Geräten und Konsumgütern zu vergrößern, als vielmehr darin, allen Menschen das notwendige Minimum für eine menschenwürdige Existenz zu sichern. Wie aber kann aus der ethischen Abstraktion gesellschaftliche Wirklichkeit werden? Ihr können wir uns nur durch eine andere Politik annähern, deren Grundthemen auf diesen Seiten angesprochen sind: Steigerung der Lebensqualität statt Anhäufung von Konsumgütern, Selbstbestimmung der Menschen im Arbeitsprozeß, Solidarität mit den Menschen und Völkern, denen es noch am Nötigsten mangelt, Frieden durch Abrüstung und Frieden mit der Natur. Für eine solche Politik lohnt es sich, Verantwortung zu übernehmen. Dem alten Fortschritt aber, der die Menschen fesselt, gilt es, sich zu verweigern.

Der Traum von der Unverwundbarkeit

Wer dem anderen Fortschritt das Wort redet, muß sich einem Politikbereich zuwenden, der den Hunger in der Welt, die wachsende Arbeitslosigkeit und die Zerstörung der Umwelt wesentlicht mit verursacht. Es ist die weltweite Hochrüstung. Sie ist die Garantie dafür, daß alle die in Sonntagsreden wohlfeilgebotenen Ziele nicht erreicht werden: die Sicherung des Friedens, der Schutz unserer Umwelt und die Verringerung der Arbeitslosigkeit. Der lateinische Spruch »Si vis pacem para bellum« – Wenn du den Frieden willst, mußt du den Krieg vorbereiten – ist in der Geschichte tausendfach widerlegt worden. Dennoch ist die Menschheit nicht bereit, aus der Geschichte zu lernen. Wer weiterrüstet, wird den Frieden nicht erreichen. Allenfalls den ewigen Frieden.

Es ist kaum verständlich, daß man bei diesem von Menschen in Gang gehaltenen Prozeß der Hochrüstung das millionenfach in Szene setzt, was man durch diesen Prozeß angeblich vermeiden will: den Verlust des Lebens und den Verlust der Freiheit. Wer das nicht begreifen will, rufe sich nur die Bilder der Hungerkatastrophen in der Sahelzone und besonders in Äthiopien in Erinnerung. Von Freiheit kann dort keine Rede mehr sein. Der Tod bestimmt den Alltag.

Die Diskussionen der Friedensbewegung haben die offizielle Politik nicht verändert. Es wird weltweit weitergerüstet. Die Waffenexporte in die Dritte Welt nehmen wieder zu. Die bescheidenen Ansätze der Rüstungskontrolle werden systematisch zerstört. Die Methode, die dieser Art von Politik zugrunde liegt, ebenso wie die ethischen Normen müssen zu diesem Ergebnis führen. Von Ehrfurcht vor dem Leben ist da nichts zu spüren. Wir haben nicht das Recht, das Leben von Millionen zu opfern, um Idealen nachzujagen, die wir doch nicht erreichen. Die Utopie der Sicherheit ist tödlich, wie Erhard Eppler richtig analysiert hat. Die Freiheit, die den Verlust mitmenschlichen Lebens in Kauf nimmt, ist keine Freiheit. So wie die Geschichte die These widerlegt hat, daß die Kriegsvorbereitung das beste Mittel der Kriegsverhütung sei, so hat die Geschichte die Illusion widerlegt, daß Abrüstungsverhandlungen zur Abrüstung führen würden.

Zu der Zeit, zu der dieses Buch geschrieben wird, jubeln die Medien, weil die Weltmächte wieder am Tisch sitzen. Als hätten sie nicht schon immer nach dem Kriege an irgendeinem Tisch gesessen. Als hätten nicht nach dem Kriege ungezählte Abrüstungsverhandlungen stattgefunden, die den Prozeß der Aufrüstung kaum beeinflußt haben. Allenfalls haben die Abrüstungsverhandlungen, bei denen der eine den anderen zu übervorteilen versuchte, dazu geführt, daß Lücken technischer oder zeitlicher Art ausgehandelt wurden, in die die neuen Waffengattungen hineinpaßten. Für sie wurden damit neue Anreize geschaffen, sie noch schneller zu produzieren.

Walter Slocombe, unter Carter im Pentagon Leiter der Abteilung für internationale Sicherheitspolitik, beurteilte bei einem Mittagessen mit Richard Perle die START-Vorschläge der Reagan-Administration: »Jede Administration, die glaubt, sie könne die Sowjets veranlassen, zwei Drittel oder mehr ihrer modernsten und leistungsfähigsten Raketen abzubauen, sollte auch die Wiederherstellung der Monarchie unter den Romanows und die Einführung des mosaischen Glaubens als Staatsreligion in der Sowjetunion fordern.« Dies trifft hinsichtlich der Glaubwürdigkeit des Theaters, das sich Abrüstungsverhandlungen nennt, ins Schwarze.

Eine Kritik an der falschen Rüstungspolitik muß sich in erster Linie mit dem westlichen Bündnis befassen. Auch wenn die Einäugigen lieber die Fehler der Gegenseite vor- und aufrechnen, so gilt doch, daß man sich zunächst an der eigenen Nase packen muß. Gleichgewicht hieß die Formel der letzten Jahre. Wer will bestreiten, daß die amerikanische Rüstung das Übergewicht anstrebt und damit von dem eigentlichen Grundsatz der westeuropäischen NATO-Verbündeten nichts hält. Daß die Gleichgewichtsformel ohnehin durch den nicht mehr kalkulierbaren atomaren Overkill aufgehoben ist, habe ich in meinem Buch »Angst vor den Freunden« dargelegt. Stabilisierung der Abschreckung war der zweite Grundsatz der Rüstungskontrollpolitik. Zu diesem Zweck wurde SALT-I ausgehandelt. Es sollte vermieden werden, daß durch die Entwicklung verläßlicher Antiraketenwaffen der technologische Durchbruch einer Supermacht die andere zu irrationalem Verhalten veranlassen würde.

Die gegenseitige Verwundbarkeit wurde als Garantie rationalen Verhaltens angesehen. Mittlerweile ist das alles nicht mehr wahr. (Die Vereinbarung war sowieso nicht aufrichtig. Eine Kultur, die, um Leid zu vermeiden, Sicherheit und Unverletzbarkeit anstrebt, sollte ausgerechnet auf dem Gebiet der Rüstung die Verwundbarkeit akzeptieren?) Man versucht, den Traum von der Unverwundbarkeit dadurch zu realisieren, daß man im Weltraum Antiraketenwaffen stationiert. Krieg der Sterne heißt diese neue Idee, die schon im Titel die infantilen Träume, die ihr zugrunde liegen, entlarvt. Dieselben Rüstungskontrollexperten, die beim SALT-I-Vertrag die Idee der gegenseitigen Verwundbarkeit gepriesen haben, rechtfertigen jetzt die neue Heilslehre, die ihre bisherigen Glaubenssätze ins Gegenteil verkehrt.

Die Vermeidung der Erstschlagsfähigkeit war ein weiterer Grundsatz der Rüstungskontrollpolitik. Keiner sollte in der Lage sein, den anderen durch einen ersten Schlag zu entwaffnen. Der technische Fortschritt führt aber unvermeidlich durch Verkürzung der Flugzeiten und durch Steigerung der Präzision genau zu dieser Fähigkeit. Der Zwang, besser zu sein als der andere, tut sein übriges dazu.

Die Verifizierbarkeit der getroffenen Vereinbarungen war ein weiterer wichtiger Grundsatz der bisherigen Rüstungskontrollpolitik. Die Cruise Missiles sollten deshalb nicht in die Arsenale der beiden Militärblöcke eingeführt werden. Auch diese Absicht ist mittlerweile aufgegeben worden. Ich kenne kein Politikfeld, auf dem in ähnlicher Weise die geheiligten Grundsätze innerhalb kürzester Fristen so auf den Kopf gestellt wurden wie auf dem der Rüstungskontrolle. Es war schon methodisch abenteuerlich zu glauben, bei einer Technologie mit Tausenden von Parametern, nämlich der Rüstungstechnologie, ein quantitatives und qualitatives Gleichgewicht aushandeln zu können. Noch irrationaler ist die Bedrohungsanalyse, die diesem Rüstungsprozeß zugrunde liegt. Die Diagnose der Psychoanalytiker, daß es sich hier um paranoide Wahnvorstellungen handelt, trifft zu.

Insoweit ist es wohl vergebliche Liebesmüh, auf diesem Trümmerfeld des Irrationalen die Ratio zu suchen. Es bedarf wohl der fröhlichen Verdrängungskunst des Bundeskanzlers Kohl, sich darüber zu freuen, daß die Weltmächte wieder am Tisch sitzen. Daß die Menschen dabei weiter verhungern, daß die Arbeitslosigkeit weiter steigt und daß die Umwelt weiter zerstört wird, wen kümmert das schon.

Haben wir uns doch daran gewöhnt, daß das Rezept gegen die Rüstung die Rüstung ist, das Rezept gegen die Arbeitslosigkeit der Sozialabbau und das Rezept gegen die Umweltzerstörung das Wachstum. Verlorengegangen ist die Erkenntnis, daß wir nicht das Verhandeln brauchen, sondern daß wir handeln müssen. Wer die Ethik der Ehrfurcht vor dem Leben gelten läßt, wird zustimmen, daß keine Idee, auch nicht die Idee der politischen Freiheit, dazu berechtigt, Millionen verhungern zu lassen und gleichzeitig einen Apparat aufzubauen, der in jeder Sekunde alles Leben auf dieser Erde zerstören kann.

Die Verantwortung des Wissenschaftlers

Gerade der Rüstungssektor fordert heraus, nach der Verantwortlichkeit der Menschen zu fragen, die in ihm beschäftigt sind. Die Arbeitsteilung, mit der ein Verlust von Verantwortlichkeit verbunden ist, hat längst auch die Wissenschaft erfaßt. Aber völlig können sich die Wissenschaftler nicht auf ihre Spezialisierung herausreden. Für sie trifft mit Einschränkungen zu, was Karl Marx geschrieben hat: »... eine Biene beschämt durch den Bau ihrer Wachszellen manchen menschlichen Baumeister. Was aber von vornherein den schlechtesten Baumeister vor der besten Biene auszeichnet, ist, daß er die Zelle in seinem Kopf gebaut hat, bevor er sie in Wachs baut. Am Ende des Arbeitsprozesses kommt ein Resultat heraus, das beim Beginn desselben schon in der Vorstellung des Arbeiters, also schon ideell vorhanden war.« Das Resultat ihrer Arbeit ist also in ihrer Vorstellung vorhanden.

Ein hervorragendes Beispiel für die Verantwortung des Wissenschaftlers ist der Göttinger Appell der 18 deutschen Atomforscher vom 18. April 1957. In diesem Appell weisen sie darauf hin, daß ihre Tätigkeit, die der reinen Wissenschaft und ihrer Anwendung gilt, sie mit einer besonderen Verantwortung für die Folgen einer solchen Tätigkeit belädt. Daher seien sie nicht bereit, sich an der Herstellung, der Erprobung oder dem Einsatz von Atomwaffen in irgendeiner Weise zu beteiligen. In freier Entscheidung verweigerten sich diese renommierten Wissenschaftler der Bundesrepublik dem zerstörerischen Prozeß der atomaren Rüstung.

Die Atombomben der Vereinigten Staaten werden in Amarillo in Texas produziert. Der katholische Bischof Matthiesen rief die dortigen Arbeitnehmer dazu auf, sich der Produktion zu verweigern und sich eine andere Arbeit zu suchen. Den Appell des Bischofs sollten alle Menschen befolgen, die in der Rüstungsproduktion beschäftigt sind. Arbeiten heißt handeln. Wer handelt, muß auch die Folgen seines Handelns verantworten. Die Rüstungsproduktion muß Schritt für Schritt auf zivile Produkte umgestellt werden.

Arbeitskreise der IG Metall beschäftigen sich seit langem mit dieser Aufgabe. Wenn auch die Erfolge noch bescheiden sind, so ist doch zu begrüßen, daß die Arbeitnehmer den Wunsch haben, das Ergebnis ihrer Arbeit selber zu bestimmen und andere Güter als Waffen zu produzieren. In der Rüstungsdiskussion der Bundesrepublik wird häufig das Argument gebraucht, Rüstung schaffe Arbeitsplätze. Diese Behauptung ist schon ungezählte Male widerlegt worden. Sie eignet sich aber gleichwohl dazu, im eigenen Land das Rüstungsgeschäft weiter zu betreiben. Dabei handelt es sich insbesondere um den Waffenexport in die Dritte Welt. »Waffen statt Brot« heißt die Parole. Hauptsache, das eingesetzte Kapital verzinst sich. Zur Begründung müssen dann nicht nur die Arbeitsplätze herhalten, sondern auch andere Industriestaaten, die genauso handeln, insbesondere die Ostblockstaaten. Wenn schon alle am Morden verdienen, dann wollen wir wenigstens mit von der Partie sein.

Verantwortungsvolle Politik müßte in einem ersten Schritt den Waffenexport in die Dritte Welt verbieten. Es ist bezeichnend für die Regierung der »geistig-moralischen Erneuerung«, daß sie das Gegenteil unternimmt. Während der sozialliberalen Regierungszeit gelang es uns immerhin, die Auslieferung von U-Booten an das verbrecherische Regime in Chile zu verhindern. Mit dem Regierungswechsel wurde auch dieser bescheidene Erfolg zunichte; mittlerweile wurden die U-Boote geliefert.

Die Rüstungsausgaben steigen stärker als die Sozialausgaben, das sagt viel aus über die Politik der jeweiligen Regierung. Als die Stadt Saarbrücken im Jahre 1983 ein Sonderprogramm zur Bekämpfung der Jugendarbeitslosigkeit auflegte, bemühten wir uns um Zuschüsse aus Bonn, die wir auch bekamen: Wir wurden aber mit der Tatsache konfrontiert, daß die Mittel, die die Bundesrepublik im Jahre 1983 zur Förderung der Jugendausbildung bereitgestellt hatte, in keinem Verhältnis zu denen standen, die innerhalb kürzester Frist für den Ausbau der NATO-Infrastruktur verfügbar sein mußten. Die Aufgabe, den Rüstungswahnsinn zu stoppen, ist eine gesamtgesellschaftliche Aufgabe. Gemeinsame gewerkschaftliche Aktionen sind nach wie vor erforderlich. Wenn die Gewerkschaften zum Ziel haben, die Ausbeutung der Menschen und die Ausbeutung der Natur zu verhindern, dann müssen sie mit dessen Durchsetzung bei der Rüstung beginnen, denn in der Rüstung kulminiert die Ausbeutung des Menschen und die Ausbeutung der Natur.

Atomkrieg durch Irrtum

Da es den beiden Supermächten nicht gelingt, sich auf ein Gleichgewicht zu verständigen, ist das Konzept einseitiger Schritte erfolgversprechender. Damit ist aber nicht der Abzug veralteter Atomwaffen gefordert (NATO) oder der Abzug veralteter Panzer (Warschauer Pakt). Der Rückzug schrottreifer Systeme kann zwar zur bekannten verlogenen Propaganda mißbraucht werden, hat aber mit dem hier vorgeschlagenen Konzept der einseitigen Schritte nichts zu tun. Bei uns wäre der erste Schritt die Rücknahme der Nachrüstung. Er würde zwar die Sowjetunion voraussichtlich nicht dazu bewegen, alle ihre modernen SS-20 abzubauen, aber selbst wenn sie nur die Hälfte dieser Waffen abbaute, hätten wir etwas erreicht, was in den letzten Jahrzehnten nicht erreicht wurde: Abrüstung.

Für die Bundesrepublik ist die Richtung der zukünftigen Verteidigungspolitik eindeutig vorgegeben. Nachdem die Supermächte die beiden deutschen Staaten zum atomaren Schießplatz ausersehen haben, ist es unsere Aufgabe, durch ein atomwaffenfreies Deutschland diesen Prozeß wieder rückgängig zu machen. Das ist in kürzester Zeit machbar, wenn man es nur will. Zusammen mit diesem Schritt wäre eine defensive, konventionelle Verteidigung aufzubauen. Sie ist billiger und würde damit finanziellen Spielraum für innere Reformen schaffen und der Bundesrepublik außenpolitischen Spielraum zurückgewinnen, den sie in dem Maße verloren hat, in dem sie sich zur vorgeschobenen Atomrampe einer Supermacht machen ließ. Ein solches Konzept würde der Politik der Entspannung zu neuem Leben verhelfen.

Die Möglichkeiten der Entspannung in Europa sind untrennbar mit dem hier aufgebauten Rüstungsapparat verbunden. Je mehr sich die Qualität dieses Apparats von der Defensivoption zur Angriffsoption verändert, um so schwieriger wird die Entspannungspolitik. Die Stationierung atomarer Mittelstreckenraketen und der sogenannte Rogers-Plan sind unvereinbar mit dem Ziel der Entspannungspolitik. Wir alle können jede Sekunde in den Abgrund eines Atomkrieges stürzen.

Schon 1958 hat Albert Schweitzer in einer in Oslo gehaltenen Rede diese Gefahr beschrieben: »So weit haben wir es gebracht: Unser Schicksal wird von einem Elektronenhirn und den Versehen, die ihm passieren können, abhängen. Es kann nur automatisch entscheiden. Das Vermögen des Menschenhirns, in jeder Richtung und in jeder Hinsicht überlegend vorzugehen, ist ihm nicht verliehen. Seine Entscheidung ist rasch. Sie besitzt aber nicht die Gründlichkeit und Zuverlässigkeit des menschlichen Gehirns. Überdies ist das Elektronenhirn noch ganz davon abhängig, daß in seinem so komplizierten Funktionieren alles bis ins kleinste in bester Ordnung ist. An Möglichkeiten, daß wir einmal durch irgendeinen Zufall auf die blödeste Art in einen Atomkrieg hineinstolpern, fehlt es also nicht.«

Am 28. Dezember 1984 verirrte sich ein sowjetischer Marschflugkörper beim Test auf das Territorium des NATO-Landes Norwegen, weil seine automatische Steuerung außer Kontrolle geraten war. »Bild« sorgte sich unter der Überschrift: »Atomkrieg wegen verirrter Russenrakete? Atomkrieg durch einen Irrtum! Dieses Schreckgespenst kennen wir aus Büchern und aus Horrorfilmen, die bei uns im Wohnzimmer auf dem TV-Schirm flimmern. Am 28. Dezember schien das Unfaßbare wahr zu werden.« Ex-Generalinspekteur Wust beruhigte die »Bild«-Leser in derselben Ausgabe, eine einzige verirrte Rakete würde nicht dazu führen, daß ein Krieg ausbricht.

Für die Vertreter des Rüstungswahnsinns ist die Tatsache, daß auch dieser Zwischenfall nicht den Atomkrieg ausgelöst hat, ein Beweis dafür, daß die apokalyptische Vision Albert Schweitzers nicht begründet sei. Die Logik, weil ich zehn Jahre unfallfrei Auto gefahren bin, werde ich auch im nächsten Jahr unfallfrei fahren, hat aber auch dann keinen Bestand, wenn die Prämisse noch um weitere Jahrzehnte erweitert wird.

Ich kann den stationären Zustand nicht so streng ablehnen, wie viele Ökonomen der alten Schule es tun. Meiner Ansicht nach würde er eine beträchtliche Verbesserung gegenüber der heutigen Situation darstellen. Ich muß gestehen, daß mir das Lebensideal derjenigen nicht zusagt, die meinen, der normale Zustand wäre der, daß sich die Menschen abstrampeln müssen, um voranzukommen, daß dieses Geschiebe, Gezerre und Ellbogeneinsetzen, welches das soziale Leben von heute kennzeichnet, wirklich das erstrebenswerte Los der Menschheit ist. Vielmehr glaube ich, es sind die unangenehmen Symptome einer bestimmten Phase des industriellen Fortschritts.

John Stuart Mill

Fortschritt ohne Wachstum

Als Ziel der Wirtschaftspolitik wird die Maximierung der gesamtgesellschaftlichen Wohlfahrt verstanden. Dabei setzt sich Wohlfahrt sowohl aus der Befriedigung materieller als auch aus der Befriedigung immaterieller Bedürfnisse zusammen. Die ersteren werden überwiegend dem Begriff Wohlstand zugeordnet, die letzteren eher dem Begriff Wohlbefinden. Soziale und kulturelle Bedürfnisse sind hier ebenso angesprochen wie die Erhaltung oder Wiederherstellung der Gesundheit. Inzwischen ist weithin anerkannt, daß auch die Qualität der Umwelt eine wichtige Wohlfahrtskomponente darstellt.

Wirtschaftswachstum gilt immer noch als das Mittel, diese Ziele zu erreichen. Die Mehrheit bekennt sich heute zwar zum qualitativen Wachstum, wird es aber konkret, dann ist die Bereitschaft, von den bisherigen Gewohnheiten abzugehen, gering. Eine Politik des qualitativen Wachstums muß aber von der bisherigen Wachstumsmessung abrücken, zumeist einzig und allein das Sozialprodukt als Indikator für eine entsprechende Wohlstandssteigerung zu betrachten. Der Staat muß den Erfolg seiner Wirtschaftspolitik wesentlich stärker als bisher orientieren an Größen wie der Arbeitslosenquote, an Höhe und Entwicklung des verfügbaren realen Einkommens der Bevölkerung. Wesentlich kommt es dabei darauf an, wie die Einkommen auf die verschiedenen sozialen Schichten verteilt sind.

Die Entwicklung der Jahre 1983 und 1984 ist ein Lehrbeispiel dafür, daß mit dem Bruttosozialprodukt als Indikator wenig anzufangen ist. Zwar stieg in diesem Zeitraum das

Bruttosozialprodukt leicht, und die Inflationsrate sank. Die Arbeitslosigkeit aber stieg ebenso, und die Verteilung der Einkommen verschob sich zu Lasten der einkommensschwachen Schichten. Die Veränderungsrate des Bruttosozialprodukts sagt also nichts darüber aus, ob es den Menschen besser oder schlechter geht als vorher. Die Veränderung der Luft-, Wasser- und Bodenqualität ist ein vielleicht wichtigerer Indikator als die geläufigen Zahlen der Wirtschaftsstatistik.

Trotz aller guten Vorsätze gilt aber nach wie vor das Wachstum des Bruttosozialprodukts als das Ziel, hinter dem alle anderen Ziele mehr oder weniger zurückstehen müssen. Dabei war die Wirtschaftspolitik nicht immer derart auf das Wachstumsziel fixiert. Nach 1945, als Wachstum in hohem Maße nötig war, um die Produktionsanlagen und materiellen Güter zu schaffen, die den großen Bedarf decken sollten, spielte der Begriff Wachstumspolitik kaum eine Rolle. Als Wachstum am nötigsten war, sprach man am wenigsten darüber.

In einem von Ludwig Erhard und seinem früheren Staatssekretär Alfred Müller-Armack herausgegebenen Manifest wird die Entwicklung so dargestellt: »Mit Beginn der sechziger Jahre vollzog sich jedoch zunächst in der öffentlichen Meinung und dann nach 1966 auch in der praktischen Politik ein bemerkenswerter Wandel. Unter dem Schlagwort ›Wirtschaftswachstumspolitik‹ wurde die Veränderungsrate des Bruttosozialprodukts zum Ziel der Wirtschaftspolitik erkoren und als neues Ideal wurde ein gleichmäßiges, störungsfreies Wachstum des Kollektivs ›Volkswirtschaft‹ in vorgegebenen Raten auf hohem Niveau verkündet. Die Gründe für diesen Wandel waren vielfacher Natur. Die sowjetische Tonnenideologie hatte eine neue Volte geschlagen. Chruschtschow verkündete den Wachstumswettlauf zwischen der Sowjetunion und den Vereinigten Staaten, der der ersteren 1980 höhere Produktionsziffern bei Stahl, Kohle, Nahrungsmitteln bescheren sollte als den letzteren. Ferner verbreiteten die Vertreter des Post-Keynesianismus unter den Ökonomen die Behauptung, daß sie in der Lage seien, die volkswirtschaftliche Entwicklung so zu steuern, daß stets die politisch gewünschte Wachstumsrate erreicht würde. Die Wachstumspolitik entpuppte sich deswegen bei genauerem Zusehen als Wachstumsratenpolitik.

Die Verabschiedung des Stabilitäts- und Wachstumsgesetzes war der äußere Abschluß dieses Prozesses. Erhard wies zwar besonders auf die ökonomische Problematik hin, die eine Orientierung der Wirtschaftspolitik an das Wachstumsziel hervorruft, seine Argumente trafen jedoch auf taube Ohren. Die sachlichen Einwände lauteten: Es sei ökonomisch höchst naiv, die Meßziffer für das Wirtschaftswachstum, die reale Veränderungsrate des Bruttosozialprodukts, in irgendeiner Weise mit der Vorstellung zusammenzubringen, die kollektive Wohlfahrt zu steigern.« Demnach ist die Orientierung der Wirtschaftspolitik am Wachstumsziel während der Großen Koalition (1966 bis 1969) entstanden. In der Tat wurde in dieser Zeit das »Gesetz zur Förderung der Stabilität und des Wachstums der Wirtschaft« beschlossen, in dem »stetiges und angemessenes Wirtschaftswachstum« gefordert wurde. Karl Schiller weist immer wieder darauf hin, daß das stetige Wirtschaftswachstum eine Nebenbedingung der drei Ziele des magischen Dreiecks – Preisstabilität, hoher Beschäftigungsstand und außenwirtschaftliches Gleichgewicht – gewesen sei.

Der Wachstumsmotor setzt aus

Ludwig Erhard erkannte bereits frühzeitig, daß sich die Wirtschaftspolitik nach der Wiederaufbauphase anderen Zielen zuwenden mußte: »Es war, so überhaupt eine Rettung winkte, geradezu selbstverständlich, daß am Anfang aller Anstrengungen stehen mußte, wieder eine produktive, leistungsstarke Wirtschaft aufzubauen, um nicht zuletzt auch der dringenden sozialen Notwendigkeit einschließlich der Rückgewinnung eines menschenwürdigen Daseins gerecht werden zu können. In großen Zügen dürfte diese Ära etwa im Jahre 1960 als abgeschlossen gelten, während nachfolgend gesellschaftspolitische Aufgaben der Eigentumsförderung, Fragen des Verkehrs, des Gesundheitswesens und Probleme der Bildung, aber nicht zuletzt auch Überlegungen hinsichtlich sachgemäßer Investitionen und des Umweltschutzes neben einer Neugliederung des städtischen und ländlichen Lebensraumes stärker in den Vordergrund traten.«

1961 prophezeite er, den man den Vater des Wirtschaftswunders nennt, daß die 35-Stunden-Woche 1984 verwirklicht wäre. Der Jesuitenpater Oswald von Nell-Breuning, der »Nestor der katholischen Soziallehre«, vertrat 1981 noch radikalere Thesen. »Ich stelle mir vor«, sagte er, »daß wir dahin kommen werden, daß zur Deckung des gesamten Bedarfs an produzierten Konsumgütern ein Tag in der Woche mehr als ausreicht.« Und Alfred Müller-Armack, Erhards früherer Staatssekretär, meinte ausgangs der fünfziger Jahre: »Die Situation, in der wir stehen, verlangt gebieterisch eine quantitative Steigerung all jener Aufwandsposten, die die öffentliche Umwelt, in der wir leben, erst sinnvoll und harmonisch gestalten. Die weitergehende Expansion der Konsumversorgung dürfte für die meisten Menschen bald uninteressant werden, wenn nicht gleichzeitig aus öffentlichen Kräften, die dies allein vermögen, die Gesamtumweltform verbessert wird, in der sich unser öffentliches Leben vollzieht.« Hört man das phantasielose Gerede der jetzigen Regierung aus CDU/CSU und FDP, dann erscheinen verglichen damit die Aussagen Erhards und seines Staatssekretärs ausgesprochen modern und zeitgemäß.

Schon die Große Koalition (Gemeinschaftsaufgaben), aber vor allem nach 1969 die sozialliberale Koalition versuchte, dem allseits geforderten Vorrang gesellschaftlicher Aufgaben gerecht zu werden. Die Regierung Brandt entwickelte ein umfassendes Konzept der inneren Reformen. Themen wie Umweltschutz, Mitbestimmung, Humanisierung der Arbeitswelt kamen auf die Tagesordnung. Der Sozialstaat wurde ausgebaut. Reformen im Bildungsbereich erhöhten die Chancengleichheit. Eine aktive Wirtschafts- und Forschungspolitik sollte das Wirtschaftswachstum fördern. Es sollte die Grundlage bilden für weitere Reformen, den Ausbau des Wohlfahrtsstaats sowie für eine reale Verbesserung der Arbeitnehmereinkommen. Die Regierung Brandt hoffte auf diese Weise, die Gesellschaft schrittweise in Richtung mehr Freiheit, Gerechtigkeit und Solidarität verändern zu können. Sie kam ein gutes Stück voran bei der Verfolgung dieser Ziele, die Voraussetzungen ihrer Reformpolitik aber waren die Wachstumsraten, die die Verteilungskonflikte entschärften. Daher zerbrach das Modell in der Wirtschaftskrise 1974/75.

Dieser Zeitraum markiert nicht nur für die Bundesrepublik Deutschland das Ende der durch hohe Wachstumsraten gekennzeichneten Nachkriegsepoche. Zwar zeigten schon seit Mitte der sechziger Jahre die Wachstumsraten rückläufige und die Arbeitslosigkeit ansteigende Tendenz. Bis Mitte der siebziger Jahre konnte aber Vollbeschäftigung immerhin durch Wirtschaftswachstum einigermaßen erhalten oder wiederhergestellt werden.

1974 übernahm Helmut Schmidt die Führung der sozialliberalen Koalition. Er wies zu Recht darauf hin, daß weltwirtschaftliche Veränderungen – der erste und zweite Ölpreis-Schock – Auslöser oder Verstärker der Wirtschaftskrise seien. Nichtsdestoweniger hielt man die Wachstumsschwäche für eine vorübergehende Erscheinung und glaubte, mit keynesianischer Nachfragebelebung den Aufschwung schaffen zu können. Mit Hilfe von Konjunkturprogrammen – 178 Milliarden gaben Bund, Länder und Gemeinden aus – konnten noch einmal höhere Wachstumsraten erzielt werden. Zwischen 1976 und 1980 waren es im Durchschnitt 3,6 Prozent reales Wachstum. Die Politik der Nachfragebelebung stieß an ihre Grenzen, da die Ölpreiskrise einen Angebotsschock bedeutete und der Handlungsspielraum der öffentlichen Verschuldung immer geringer wurde.

In dieser Situation konnte die konservative Opposition mit ihrem Aufschwungversprechen an die Macht gelangen. Tatsächlich hatte sie schon vorher mitregiert, indem sie mit ihrer Mehrheit im Bundesrat jedes wesentliche Reformgesetz blockiert hatte. Reichte dies nicht aus, rief sie das Bundesverfassungsgericht an. Politiker wie Lambsdorff hatten die neokonservative Wende innerlich schon längst vollzogen und forderten eifrig, daß die von der Opposition beklagten »Wachstumshemmnisse« beseitigt würden. Die SPD geriet in eine Dauerdefensive. Als schließlich gar wesentliche Bestandteile der sozialen Sicherung einem günstigeren Wachstumsklima geopfert werden sollten, mußte das sozialliberale Bündnis scheitern. Das Bündnis mit den Gewerkschaften sollte nicht auch noch aufs Spiel gesetzt werden. »Wirkliche Erfolge bei der Lösung der Beschäftigungsprobleme und bei der Konsolidierung der öffentlichen Finanzen können nur erreicht werden, wenn es gelingt, einen hinreichend starken und über längere Zeit anhaltenden Wachstumsprozeß zu erreichen«, schrieb der Wirtschaftsminister im Scheidungspapier der sozialliberalen Koalition (Lambsdorff-Papier). Damit brachte er den beschäftigungspolitischen Mißerfolg der jetzigen Koalition in die neue Ehe als Mitgift ein. Der neue Partner hing demselben Irrglauben an.

Die Krise des sozialdemokratischen Modells

Politisches Programm und politisches Handeln basieren auf Grundannahmen und -bedingungen, die, in einem bestimmten Zeitabschnitt zutreffend, zu einem späteren Zeitpunkt überholt sein können. Das Godesberger Programm der SPD entstand in der Phase großen wirtschaftlichen Wachstums, die in allen westlichen Industrieländern von der Nachkriegszeit bis in die Mitte der siebziger Jahre reichte. Es lag nahe, den volkswirtschaftlichen Zuwachs bewußt als Mittel einzusetzen, um politische Ziele zu verwirklichen: Erhöhung der

Realeinkommen, Ausbau des Sozialstaats, Finanzierung von Reformen.

Wirtschaftswachstum führte indessen nicht zu einer gerechten Einkommens- und Vermögensverteilung. Tatsächlich verschob sich die Verteilung der Einkommen und Vermögen zugunsten der besser gestellten Schichten. Gegenwärtig, da die Zeit hoher Wachstumsraten zu Ende ist, läßt sich aber nicht einmal mehr sagen, daß Wachstum erlaube, denen, die zur Zeit noch wenig haben, mehr zu geben, ohne denen, die heute schon mehr haben, etwas wegnehmen zu müssen.

Auch der Satz »Die Gewinne von heute sind die Investitionen von morgen und die Arbeitsplätze von übermorgen« stimmt nicht mehr. Wer das Wachstum des Bruttosozialprodukts als notwendige Voraussetzung seines politischen Handelns betrachtet, muß den Offenbarungseid leisten, wenn es ausbleibt. Wer Wachstum gar zum Dogma erhebt, gerät leicht in die Versuchung, die politischen Ziele dem Dogma zu opfern. Ausbleibendes Wirtschaftswachstum bedeutet nicht, daß die Ziele Freiheit, Gerechtigkeit und Solidarität nicht mehr zu verwirklichen wären. Es bedeutet aber, daß der bisherige Weg nicht mehr gangbar ist. In der SPD ist man sich inzwischen auch weitgehend darin einig, daß mit der alten Wachstumsformel die Regierungsmacht nicht mehr zurückzuerlangen ist. Vollbeschäftigung durch Wirtschaftswachstum wird es nicht mehr geben, der erforderliche Zuwachs des Bruttosozialprodukts ist nicht mehr erreichbar und wegen der zusätzlichen Umweltbelastung auch nicht mehr wünschbar.

In der Krise, zumindest im nationalen Rahmen, befindet sich auch das wirtschaftspolitische Konzept der Globalsteuerung. Wer sich hierauf beschränkt, kann nur bestehende Trends fortschreiben. Weder der ökologische Umbau der Produktion noch die soziale Kontrolle des technischen Wandels, noch eine Neuverteilung von Arbeit und Einkommen lassen sich so bewältigen. Sich darüber klarzuwerden, daß die Ziele neu bestimmt und Wege gesucht werden müssen, ist bereits der Beginn einer programmatischen Erneuerung.

Das konservative Modell

Mit dem Aufschwungversprechen gelangten die Männer der konservativen Wende an die Regierungsmacht. Der Aufschwung kam auch, denn nach dem vorangegangenen Konjunkturtief war damit zu rechnen. Er brachte ein reales Wachstum des Sozialprodukts von 1,3 Prozent im Jahre 1983 und von 2,6 Prozent im Jahre 1984. 1985 soll die Wachstumsrate ähnlich liegen. Dann aber wird nach Ansicht von Konjunkturforschungsinstituten der Aufschwung auch schon wieder abflachen. Dies entspricht dem von der Industrie erwarteten mittelfristigen Wachstumstrend von zwei Prozent im Zeitraum 1983 bis 1987. Was hat der Aufschwung gebracht?

Die Zahl der Arbeitslosen stieg auf 2,3 Millionen und erreichte damit einen neuen Höchststand in der Geschichte der Bundesrepublik. 1985 wird die Zahl ähnlich hoch bleiben. Der nächste konjunkturelle Abschwung beginnt dann mit einem Sockel von mehr als zwei Millionen Arbeitslosen. Die Einkommen aus Unternehmertätigkeit und Vermögen werden nach Auffassung des Sachverständigenrats zur Begutachtung der gesamtwirtschaftlichen Entwicklung auch 1985 überproportional wachsen, die realen Arbeitnehmereinkommen das Niveau von 1979 nicht wieder erreichen. Begleitet wurde der Aufschwung von einer Politik des forcierten Sozialabbaus, der Belastung breiter Bevölkerungsschichten und der Entlastung von Unternehmen und höheren Einkommensschichten.

Dann kam der »Abbau beschäftigungshemmender Vorschriften« auf die Tagesordnung. Das Programm ist nicht abgeschlossen. Ihm zufolge sollen Arbeits- und Kündigungsschutz eingeschränkt werden. Das Motto all dieser Maßnahmen lautet unter dem Dogma des Wirtschaftswachstums: »Schaffung langfristiger und dauerhafter Wachstumsbedingungen« (Bundeskanzler Kohl). Die Regierung klammert sich an diese Vorstellung, obwohl offenkundig ist, daß der Erfolg ausbleiben wird. Denn die Bedingungen für langfristiges Wachstum, wie es bisher verstanden wurde, sind objektiv nicht mehr gegeben. Dies gilt nicht nur für die Bundesrepublik, sondern ebenso für die anderen Industrieländer. Auch im westlichen Ausland wird dies vielfach so gesehen, man wundert sich allenfalls, daß es zehn Jahre gedauert hat, bis die Erkenntnis durchgedrungen ist, daß die »glorreichen dreißig Jahre« der größten wirtschaftlichen Wachstumsepoche in der bisherigen menschlichen Geschichte ungefähr Mitte der siebziger Jahre zu Ende gegangen sind.

Im letzten Wirtschaftssachverständigengutachten wird »Mut zum Wachstum« gefordert, um kühne Prognosen zu rechtfertigen; für ein wissenschaftliches Gremium ein ungewöhnliches Verfahren. Einer Regierung kann man eher nachsehen, wenn sie die Dinge optimistischer darstellt, da sie stets bestrebt ist, in gutem Licht dazustehen. Wer aber heute so tut, als lebten wir in einer »glücklichen Welt ungebrochenen Wachstums«, treibt zumindest ein unverantwortliches Spiel.

Die Tatsache, daß die Konjunktur der Wirtschaft von einem zyklischen Auf und Ab geprägt ist, gilt seit jeher. Sie ist bisher von keiner Regierung aus der Welt geschafft worden. Wir befinden uns derzeit im dritten Jahr eines konjunkturellen Aufschwungs. Die Erwartung der Industrie, daß wir 1983 bis 1987 eine durchschnittliche Wachstumsrate von zwei Prozent haben werden, erscheint immer noch optimistisch. Könnte sich diese Rate über 35 Jahre halten, würde das eine Verdoppelung der produzierten Waren, Güter und Dienstleistungen bedeuten. Tatsächlich ist das langfristige Sinken der Wachstumsrate unvermeidlich. Dagegen weist die Entwicklung der Arbeitsproduktivität eine entgegengesetzte Tendenz auf. Sie liegt bei mehr als drei Prozent und steigt nicht zuletzt mit Hilfe der neuen Technologien tendenziell an. Unter diesen Umständen kann ein quantitatives Wachstum des Bruttosozialprodukts von zwei oder drei Prozent das Beschäftigungsproblem nicht lösen.

Da die derzeitige Regierungspolitik fast ausschließlich auf diese Karte setzt, wird sich an der Massenarbeitslosigkeit nichts ändern. Einziges Ergebnis dieser Politik wird eine bessere Kapitalrentabilität durch Umverteilung von unten nach oben sein. Wenn die gegenwärtige Politik, die sich am quantitativen Wachstum orientiert, die Massenarbeitslosigkeit nicht beseitigt, entfällt ihre Rechtfertigung. Am Ende bleiben nur die angerichteten sozialen und ökologischen Schäden.

Hoffnungsträger Reagan?

In der Wirtschaftspolitik der Reagan-Administration sehen viele einen Beweis dafür, daß das konservative Modell erfolgreich ist. Es lohnt daher, die amerikanische Entwicklung näher zu betrachten.

In den Vereinigten Staaten wuchs von Ende 1982 bis Mitte 1984 die Zahl der Beschäftigten um 6,8 Millionen. Die Wachstumsrate 1984 beträgt wie in den besten Jahren ca. sieben Prozent. Ottmar Emminger, der frühere Präsident der Deutschen Bundesbank, beschäftigt sich in seinem Artikel »Was wir von den Amerikanern lernen können« (FAZ vom 11. 9. 1984) mit der Frage, inwieweit die amerikanische Wirtschaftspolitik auf die Bundesrepublik übertragen werden kann. Er weist zu Recht darauf hin, daß, längerfristig betrachtet, das amerikanische Beschäftigungswunder gar nicht eine Folge der hohen Wachstumsrate ist. Denn bereits in den zehn Jahren von 1973 bis 1983, als die US-Wachstumsrate keineswegs aus dem internationalen Rahmen fiel, wurden in den Vereinigten Staaten 15,8 Millionen Menschen zusätzlich beschäftigt, während gleichzeitig in Europa etwa 1,5 Millionen Arbeitsplätze verlorengingen. Emminger meint, daß dieser Zuwachs in der Beschäftigung trotz technischen Fortschritts mit seinen Rationalisierungsfolgen erreicht worden sei.

Damit will er das »windige Vorurteil« in unserem Land vom Tisch gefegt sehen, wonach Rationalisierung unweigerlich zu einem Rückgang der Beschäftigung führen müsse. Diese Interpretation der amerikanischen Wirtschaftsentwicklung durch Emminger hält aber einer näheren Prüfung nicht stand: Die Vereinigten Staaten hatten nämlich, obwohl sie über modernste Technologien verfügen, in den siebziger Jahren von allen westlichen Industrieländern den mit Abstand niedrigsten jährlichen Produktivitätsanstieg. Die Schere Wachstum–Produktivität hat sich entgegen landläufiger Meinungen dort also weniger weit geöffnet als in vergleichbaren Industrieländern. Diese Tatsache kann man den Statistiken entnehmen.

Die Gründe dafür werden in der Wirtschaftswissenschaft unterschiedlich erklärt. Zinn/Meißner weisen in »Der neue Wohlstand« darauf hin, daß in den Vereinigten Staaten, zumal in Dienstleistungsbereichen, Niedriglohnjobs entstanden sind. Dies sei die Ursache für die Ausweitung des Anteils der weniger produktiven Bereiche an der Gesamtbeschäftigung, was die gesamtwirtschaftliche Produktivität sinken läßt. Auch Emminger konstatiert, daß in den Vereinigten Staaten vielfach eine Umsetzung in schlechtbezahlte Beschäftigungen des Dienstleistungsgewerbes stattgefunden habe. Hier erhebe sich jedoch die Grundsatzfrage: Ist es nicht besser, solche Beschäftigungen zu finden als gar keine?

Weiterhin betont Emminger, daß die Arbeitnehmer in den Vereinigten Staaten erwiesenermaßen viel eher als bei uns bereit seien, Wohnort und Tätigkeit zu wechseln, wobei die geringere Unterstützung der Arbeitslosen ein Antrieb sei. Es würde auch viel größere Bereitschaft herrschen, zum Beispiel Lohn- und Gehaltsminderungen auf mehrere Jahre hinzunehmen, um die Arbeitsplätze zu sichern, weil nur der kleinere Teil der Beschäftigten gewerkschaftlich organisiert sei. In der Bundesrepublik hingegen könne sich ein Unternehmer nicht leisten, zusätzliche Arbeitskräfte einzustellen, wenn er nicht ganz sicher sei, daß er sie auch auf Dauer beschäftigen könne. Eine spätere Entlastung sei schwierig und kostspielig.

Wir können also nach Meinung des ehemaligen Präsidenten der Deutschen Bundesbank von den Amerikanern lernen:

1. Die Arbeitslosenunterstützung muß weiter gesenkt werden. Das erhöht die Bereitschaft der Arbeitnehmer, Wohnort und Tätigkeit zu wechseln, um gegebenenfalls auch Niedriglohnjobs anzunehmen.

2. Die Macht der Gewerkschaften muß geschwächt werden, um die Löhne nach unten flexibler machen zu können.

3. Der Kündigungsschutz muß eingeschränkt werden, damit bei Neueinstellungen schon von vornherein Klarheit darüber herrscht, daß eine spätere Entlassung leichter zu bewerkstelligen sei und nichts kostet.

In der Wenderegierung hat Emminger für diese These schon gelehrige Schüler gefunden. Die Arbeitslosenunterstützung wurde bereits gekürzt. Ein Verbändegesetz und Mitbestimmungsmodelle, in denen die leitenden Angestellten berücksichtigt werden, sollen die Macht der Gewerkschaften schwächen. Auch im Arbeitskampf des Jahres 1984 stellte sich die Bundesregierung gegen die Gewerkschaften.

Diese für Arbeitnehmer unerfreuliche Analyse des amerikanischen »Beschäftigungswunders« erklärt nicht die hohe Wachstumsrate des amerikanischen Bruttosozialprodukts. Plausibler erscheint dafür folgende Erklärung: Die Reagan-Administration hat zwar im Sinne angebotsorientierter Wirtschaftsrezepte günstigere Investitionsbedingungen für die Unternehmen geschaffen. Gleichzeitig hat sie aber durchaus in keynesianischer Tradition massive Nachfragepolitik betrieben. Die Steigerung der Rüstungsausgaben in den letzten Jahren auf die gewaltige Summe von mehr als 300 Milliarden Dollar (1985) bedingte notwendigerweise entsprechende Investitionen, die – eine besonders günstige Kombination – sowohl stagnierenden älteren Industrien wie auch aufstrebenden, auf Mikroelektronik beruhenden neuen Industriezweigen Auftrieb gaben.

Das Haushaltsdefizit der Vereinigten Staaten stieg in den letzten Jahren auf ca. 200 Milliarden Dollar. Dieses Haushaltsdefizit ist eine der Ursachen für die weltweit hohen Zinssätze. Sie machen nicht nur unseren Volkswirtschaften zusätzlich zu schaffen, sondern sie belasten insbesondere auch die Entwicklungsländer, die ihre Kredite zu höheren Zinssätzen zurückzahlen müssen. Die Lasten des Rüstungswachstumswunders sind also breit verteilt: auf die Verhungernden in der Dritten Welt, auf die Arbeitslosen in Europa und nicht zuletzt auf die Millionen Menschen in den Vereinigten Staaten selber, denen man die Beihilfen gekürzt oder gestrichen hat und die unterhalb der Armutsgrenze leben. Es erhebt sich die Frage, ob die amerikanische Mittelschicht, die Reagan wiedergewählt hat, nicht irgendwann auch einen Teil der Zeche zahlen muß. Denn nicht nur das Haushaltsdefizit, auch das immer größer werdende Außenhandelsdefizit muß einmal abgebaut werden.

Inzwischen geht in den USA schon wieder die Rezessionsangst um. Die Qualität des dortigen Wachstums ist auch nicht dazu angetan, eine Nachahmung zu empfehlen. Gigantische Rüstungsausgaben und Lohnsenkungen mögen zwar das Bruttosozialprodukt eine Weile positiv beeinflussen, ob diese Maßnahmen allerdings das Wohlbefinden der Menschen steigern, muß bezweifelt werden.

Warum bleibt das Wachstum aus?

Wenn nun alle Modelle, Wachstum herzustellen, versagen beziehungsweise ein zu schwaches oder unerwünschtes Wachstum produzieren, muß man nach den Gründen fragen. Das realsozialistische Modell der östlichen Industrieländer wurde in den vorangegangenen Abschnitten nicht behandelt. Auch dort waren die Wachstumsraten um so höher, je niedriger die Ausgangsbasis war, und auch dort ist eine Tendenz zu niedrigen Wachstumsraten zu verzeichnen. Die Gemeinsamkeit ist mathematischer Natur.

Es ist offensichtlich schwer, sich lineares oder exponentielles Wachstum über einen längeren Zeitraum vorzustellen. Von linearem Wachstum spricht man, wenn eine Größe jedes

Jahr um den gleichen Betrag zunimmt. Es ist allgemein bekannt, daß in der Bundesrepublik in den letzten Jahren pro Jahr eine Fläche von der Größe des Bodensees überbaut wurde. 1981 waren bereits elf Prozent der gesamten Fläche überbaut. Wenn der verbleibende Boden zukünftig in dem bisherigen Tempo unter Teer und Beton verschwände, wäre die Bundesrepublik in 400 bis 500 Jahren ganz überbaut. Bei Architekten und Städtebauern hat sich dieser Sachverhalt bereits herumgesprochen. Von diesen Berufsgruppen wird derzeit eine Entsiegelung des Bodens gefordert; das heißt, die Überbauung soll teilweise wieder rückgängig gemacht werden. Die große Mehrzahl unserer »Wirtschaftsfachleute« beeindruckt dies allerdings nicht. Sie kommen gar nicht erst auf die Idee, daß die gegenwärtigen Schwierigkeiten in der Baubranche etwas mit dieser Entwicklung zu tun haben. Es wird lauthals nach einem staatlichen Programm gerufen, daß die Bauwirtschaft irgendwo, irgendwie, irgendwas wieder bauen kann. Die Bauwirtschaft wird aber nicht so weitermachen können wie bisher, sondern sie wird sich, neben der immer noch notwendigen Erweiterung des sozialen Wohnungsbaus und des Ausbaus der ökologischen Infrastruktur, auf die Erhaltung oder Veränderung der vorhandenen Bausubstanz konzentrieren müssen.

Neben dem linearen bereitet das exponentielle Wachstum der Expertenwelt noch größere Schwierigkeiten. So wurde vor Jahren von der Mehrheit der »Experten« und politisch Verantwortlichen ernsthaft die absurde These vertreten, daß die Energiebranche eine jährliche Zuwachsrate von sieben Prozent benötige. Eine siebenprozentige Zuwachsrate bedeutet in zehn Jahren eine Verdoppelung, in 20 Jahren eine Vervierfachung, in 30 Jahren eine Verachtfachung usw. In 100 Jahren müßten wir, wenn dieses »Expertenwissen« Realität würde, das 1024fache der jetzigen Kraftwerkskapazitäten haben.

Die Folgen exponentiellen Wachstums sollen an zwei weiteren Beispielen erläutert werden.

Der erste Entwurf des politisch-ökonomischen Orientierungsrahmens, den die SPD 1972 vorlegte, hielt eine reale Wachstumsrate von fünf Prozent für notwendig, um die Reformpolitik der Zukunft zu finanzieren. Dieser fünfprozentige Zuwachs hätte in 14 Jahren eine Verdoppelung der Menge an Waren, Gütern und Dienstleistungen bedeutet und in 28 Jahren eine Vervierfachung der Menge des Jahres 1972. Was man mit der vierfachen Menge an Waren, Gütern und Dienstleistungen im Jahre 2000 anfangen sollte, diese Frage hatte sich niemand gestellt.

Vor einigen Jahren hatten die NATO-Verteidigungsminister auf Drängen der Vereinigten Staaten die Vereinbarung getroffen, daß die NATO-Verteidigungsausgaben jährlich real um drei Prozent wachsen müßten. Dieser dreiprozentige Zuwachs hätte in rund 23 Jahren eine reale Verdoppelung, in rund 47 Jahren eine reale Vervierfachung der Verteidigungsausgaben bedeutet. Angesichts der Summe von mehr als 600 Milliarden Dollar, die jährlich weltweit für Rüstung ausgegeben werden – die NATO-Staaten haben daran nach Angaben des SIPRI-Forschungsinstituts immerhin einen Anteil von 43 Prozent –, ist dieses Politikziel schlichter Wahnsinn.

In harten Diskussionen habe ich versucht, die politisch Verantwortlichen davon abzubringen. Es war aus vielerlei Gründen nicht möglich, aber insbesondere deshalb, weil sie eine Exponentialfunktion über einen längeren Zeitraum nicht hochrechnen konnten.

Aufgrund dieser einfachen Überlegungen muß man sich über die Vorstellung wundern, daß auch in eine längere Zukunft hinein mit stetig hohen Wachstumsraten zu rechnen sei. Die mit großem Wirtschaftswachstum verbundene Nachkriegszeit – jedenfalls aus historischer Sicht – war eine einmalige Phase, beschränkt allerdings auf die Industrieländer. Es hat zwar auch in früheren Epochen Wirtschaftswachstum gegeben, aber niemals in diesem Ausmaß und in diesem Tempo. Günstige Bedingungen trafen zusammen: Eine technisch und ökonomisch mögliche Produktionsausweitung stieß auf eine

Nachfrage, die gekennzeichnet war vom Nachholbedarf der Nachkriegsepoche. Die Ausweitung des Massenkonsums war ökonomisch und politisch gleichermaßen möglich.

Der Welthandel konnte sich aufgrund der für die westlichen Industrieländer im Verhältnis zur Dritten Welt außerordentlich »vorteilhaften« Handelsbedingungen (terms of trade) ausweiten wie niemals zuvor. Rohstoff und Energie waren billig zu haben. Arbeitskräftemangel konnte durch Eingliederung zusätzlicher Arbeitskräfte – zum Beispiel Flüchtlinge aus dem Osten und Gastarbeiter – ausgeglichen werden. Der Produktivitätsfortschritt ermöglichte es, mit weniger Arbeitskräften ein höheres Arbeitsergebnis zu erzielen. Beschäftigungsprobleme entstanden kaum, da für zusätzliche Produkte ein aufnahmefähiger Markt bereitstand.

Die Bedingungen der Nachkriegsentwicklung sind nicht mehr gegeben. Die Versorgung mit materiellen Gütern hat in den westlichen Industrieländern einen gewissen Sättigungsgrad erreicht. Produktinnovationen, die Wachstumsimpulse verleihen könnten, sind seltener geworden, und die rückläufige Entwicklung der Bevölkerungszahl ist kaum geeignet, steigende Nachfrage zu erzeugen. Die explosiv wachsende Bevölkerung der Entwicklungsländer wird hingegen auch in Zukunft nicht über die nötige Kaufkraft verfügen.

Im Konsumgütersektor trifft der nach wie vor hohe Produktivitätsanstieg auf nicht mehr erweiterungsfähige Märkte. Selbst bei noch so günstigen Investitionsbedingungen werden eher Rationalisierungs- und Ersatzinvestitionen, kaum noch Erweiterungsinvestitionen vorgenommen. Zwar stellen auch sie Wachstum dar, der große Schub wird aber damit nicht ausgelöst. Die Wirtschaftspolitiker, da sie Wachstum versprochen haben, ob angebots- oder nachfrageorientiert, werden zunehmend ratloser und unruhiger. Selbst solche, die früher noch meinten, der Staat müsse zwar ein günstiges Wirtschaftsklima schaffen, sich ansonsten aber zurückhalten, möchten nun selber mit Hand anlegen. Das Motto heißt jetzt: Neue Wachstumsfelder eröffnen.

Neue Wachstumsfelder

Noch vor wenigen Jahren war die Kernkrafttechnologie die große Wachstumshoffnung. In der mehrjährigen Finanzplanung der Forschungs- und Enwicklungsförderung wurde sie inzwischen mit einer Kürzung um ca. 50 Prozent bedacht. Manche politisch Verantwortlichen würden am liebsten Projekte wie den schnellen Brüter, die sie noch vor kurzem eifrig unterstützt haben, als Investitionsruinen stehen lassen. Aber da bereits Milliarden an Steuergeldern aufgewendet worden sind, glauben sie, weitermachen zu müssen. Lieber würden sie aber die Gelder in neue Wachstumsfelder investieren.

Als solche gelten die neuen Technologien. Im Bundesforschungsbericht 1984 heißt es: Forschung und Technologie haben weltweit an Dynamik gewonnen. Die noch in den siebziger Jahren ausgetragene Debatte über einen angeblichen Mangel an »Basisinnovationen« ist verstummt angesichts der spektakulären Durchbrüche in forschungsintensiven Schlüsseltechnologien wie der Informationstechnik, der Materialentwicklung und der Biotechnologie. Was hat es damit auf sich?

Mit der Mikroelektronik ist in der Tat eine Schlüsseltechnologie entstanden, die so bedeutend ist, daß man in ihr die Basis für eine neue industrielle Revolution erblickt: Mikroelektronische Computertechnologie ermöglicht es, betriebliche Produktion und Arbeitsprozesse neuen Steuerungsmechanismen zu unterwerfen. Diese reichen von der effektiveren Verplanung der menschlichen Arbeit bis zur vollständig computergesteuerten Konstruktion und Fertigung. Die neuen Techniken halten nicht nur in die Fabriken Einzug, sie verändern auch die Büroarbeit grundlegend. Bürotätigkeiten werden durch Daten- und Textverarbeitungssysteme automatisiert und mit Telekommunikationszentren verbunden. Die Entwicklung der Biotechnologie und der Genetik weckt hohe Erwartungen. Mit ihrer Hilfe sollen Mikroorganismen erzeugt werden, die ihrerseits – wie bereits erwähnt – geeignet sind, neue Stoffe zur klinischen oder pharmazeutischen Verwendung zu produzieren.

Wie sind die neuen Technologien zu bewerten? Zweifellos eröffnen sie den sie anwendenden Industrien neue Wachstumschancen. Sie können auch in sekundären Bereichen zusätzliche Impulse auslösen. Aber sie führen nicht die gesamte Produktion zur beschäftigungswirksamen Ausdehnung. Im Gegenteil, die bis jetzt bekannten Anwendungsmöglichkeiten lassen eher eine negative Beschäftigungsbilanz erwarten. Das besagen auch die meisten Prognosen. Man spricht von einem »jobless growth« und dem Risiko der technologischen Arbeitslosigkeit, einer neuen Arbeitslosigkeit, denn die jetzige beruht im wesentlichen noch nicht auf den neuen Technologien. Auch dürfen keine übertriebenen Hoffnungen darauf gesetzt werden, daß vermehrte Exporte in erheblichem Umfang Wachstum und Beschäftigung beeinflussen könnten, denn letztlich handelt es sich doch um einen kleinen Bereich modernster Spitzentechnologien, auf dem zwischen den großen Industrieländern ein mit erheblichen staatlichen Mitteln geförderter Innovationswettlauf stattfindet. Das schmale Wachstumsfeld wird dicht besetzt sein.

Bisweilen wird in diesem Zusammenhang von einem technologischen Rückstand der Bundesrepublik gesprochen, eine Propaganda mit dem Ziel, die Technologieförderung zu forcieren und die Bedenken gegen die damit verbundenen sozialen Risiken beiseite zu schieben. Ernsthaften Untersuchungen hält die Behauptung, die Bundesrepublik befände sich in technologischem Rückstand, nicht stand. In den Spitzentechnologien gibt es in speziellen Bereichen Vorteile der USA und Japans, generell trifft dies aber nicht zu. Ein Blick auf die Exportstatistik und die Produktivitätsentwicklung bestätigt diese Feststellung. Im übrigen liegt die Bundesrepublik in der staatlichen Forschungs- und Entwicklungsförderung seit Jahren neben Japan an der Weltspitze.

Neue Technologien können auch dazu beitragen, eintönige, stumpfsinnige Arbeit abzuschaffen, Energie einzusparen, die Umwelt zu schonen und den Menschen neue kulturelle und ökonomische Möglichkeiten zu eröffnen. Entscheidend ist, in welcher Weise sie eingeführt und angewendet werden. Wer aber meint, mit Hilfe neuer Technologien auf der Wachstumsstraße wie bisher weiterfahren zu können, übersieht die Kehrseite: Der Mensch wird wegrationalisiert, die Arbeitswelt stetig inhumaner, der Schutz der Umwelt muß weiterhin hinter Wachstumsinteressen zurücktreten. Es ist zweifelhaft, ob sich auf diese Weise das Bruttosozialprodukt steigern läßt; sicher aber kann bei einer undifferenzierten Förderung neuer Technologien nicht von qualitativem Wachstum die Rede sein.

Die alten Rezepte helfen nicht

Der Ratlosigkeit der Realpolitiker entspricht die kontroverse Diskussion in der herrschenden Wirtschaftswissenschaft. Die Diagnosen und Rezepte widersprechen sich, Prognosen stimmen oder stimmen auch nicht, insgesamt herrscht ein ziemliches Durcheinander. Gemeinsam ist der Mehrheit der Wirtschaftswissenschaftler, daß sie dem Wachstumsdogma anhängen und letztlich gegen die überwunden geglaubte Krankheit der Massenarbeitslosigkeit auch nicht ein nur annähernd wirksames Mittel anzubieten haben.

Einige sind deshalb auch bereits dazu übergegangen, aus der Not eine Tugend zu machen und einen Bestand an Arbeitslosigkeit als etwas ganz Normales zu bezeichnen; sie sprechen von einer »natürlichen Arbeitslosigkeit«. Die meisten glauben aber noch fröhlich daran, oder geben es zumindest vor, die Massenarbeitslosigkeit durch Wachstum beseitigen zu können. Kühn prophezeien sie »lang anhaltendes Wachstum«, wenn auf dem Höhepunkt eines Konjunkturzyklus eine Wachstumsrate von fast drei Prozent eingetreten ist, der nächste Konjunkturabschwung aber schon wieder vor der Tür steht. Da allgemein auf der Basis des heutigen Bruttosozialprodukts eine Wachstumsrate von fünf bis sechs Prozent für erforderlich gehalten wird, um die Arbeitslosigkeit auf diesem Wege zu beseitigen, grenzt der Optimismus dieser Ökonomen schon an Wunderglauben.

In den ersten Jahren nach Ende der Wachstumsepoche waren bei uns, wie auch in anderen Industrieländern, vornehmlich Vertreter keynesianischer Politik tätig. Sie erkannten immerhin richtig, daß es in der Wirtschaft Nachfrageprobleme gibt. Dementsprechend legten sie Konjunkturprogramme auf und versuchten mittels antizyklischer Geld- und Haushaltspolitik die Konjunktur wieder in Schwung zu bringen. Dies gelang in der Rezession von 1967 noch mit beachtlichem Erfolg, jedoch nicht mehr ab Mitte der siebziger Jahre. Kurzfristig konzipierte Konjunkturprogramme konnten nicht mehr in einen von der gesamten Wirtschaft getragenen Aufschwung münden, weil sie an den langfristigen Nachfrage- und Wachstumsproblemen grundlegend nichts änderten.

Seit einigen Jahren haben konservative Wirtschaftsstrategen die Überhand gewonnen. Sie meinen, daß die Gewinne der Unternehmen zu gering waren und die Gewinnerwartungen zu niedrig seien, um die für ein Wirtschaftswachstum erforderlichen Investitionen zu tätigen. Wachstumspolitik müsse deshalb auf der Angebotsseite einsetzen, das heißt durch Kosten- und Steuerentlastungen für die Unternehmer ein »günstiges Investitionsklima« schaffen. Eine abnehmende Staatsverschuldung sollte Handlungsspielraum für Zinssenkungen und Steuerentlastungen eröffnen. Aber auch diese Ökonomen wissen ebensowenig zu erklären, in welchen Bereichen die zusätzlichen Investitionen nun getätigt werden sollen, um Wachstum und Beschäftigung auszulösen. Nicht ohne Grund halten sie daher fast verzweifelt Ausschau nach neuen Wachstumsfeldern und neuen Produkten.

Schließlich: Trotz verringerter Unternehmensgewinne und hoher Zinsen sind in den vergangenen Jahren Investitionen nicht etwa völlig ausgeblieben. Nur waren es eben überwiegend Rationalisierungsinvestitionen, denn zusätzliche Investitionen werden auch bei allerbestem Investitionsklima grundsätzlich nur dann getätigt, wenn ein Unternehmen erwarten kann, die zusätzlichen Produkte auch abzusetzen.

Ursachen der Massenarbeitslosigkeit

Eine natürliche Arbeitslosigkeit gibt es nicht. Massenarbeitslosigkeit ist nicht schicksalhaft. Die Rahmenbedingungen sehen allerdings nicht sehr günstig aus. Zwar treten nach 1990 die geburtsschwachen Jahrgänge ins Berufsleben ein; dies wird das Problem aber nicht lösen, allenfalls etwas mindern. Die Rechnung, mit verbesserten Gewinnaussichten erst Wachstum und dann Vollbeschäftigung wiederherstellen zu können, geht, wie wir gesehen haben, nicht mehr auf. Neuerdings richtet sich die Aufmerksamkeit auch auf die Tatsache, daß Unternehmensgewinne häufig nicht in Realinvestitionen, sondern in Finanzanlagen fließen. Also kein Kapitalmangel, sondern Kapitalfehlleitung. Oder nach Lothar Späth: Die Kapital haben, riskieren nichts; die riskieren wollen, haben kein Kapital.

Da man an der Privilegierung von Finanzanlagen nichts ändern kann oder will, spricht man lieber davon, daß die Sachinvestitionen durch zu hohe Steuern diskriminiert werden, womit man wieder beim Ausgangspunkt angelangt ist, daß ein günstigeres Investitionsklima notwendig ist. Ein solches ist aber nur dann gegeben, wenn auch Absatzaussichten bestehen. Aber da nicht sein kann, was nicht sein darf, wird fehlende Nachfrage nicht als Problem angesehen.

Alle Welt wartet auf Produktinnovationen, die vermarktet werden können, vorausgesetzt, die dafür notwendige Nachfrage setzt ein. Bei Vergleichen mit den Vereinigten Staaten wird in diesem Zusammenhang häufig auf einen Unterschied hingewiesen, der in der Tat vorhanden ist: In der Bundesrepublik sind zwar nicht die Löhne, aber die Lohnnebenkosten deutlich höher als in den USA. Das liegt an dem System der

Sozialversicherung, das bei uns im wesentlichen über die Löhne und Gehälter finanziert wird: aus Beiträgen der Arbeitnehmer und Arbeitgeber, die prozentual zum Lohn und Gehalt erhoben werden. Während die Beschäftigten über Beitragserhöhungen nur stöhnen können, sind die Unternehmen in der Lage, etwas dagegen zu tun: Sie können Personal einsparen. So kommt die Siemens AG in ihrer Studie »Büro 1990« zu dem Ergebnis, daß ca. 15 bis 30 Prozent des Volumens der Bürotätigkeiten durch Daten- und Textverarbeitungssysteme automatisierbar seien. Das bedeutet, daß etwa Banken und Versicherungen, die hauptsächlichen Nutznießer dieser Entwicklung, Arbeitskräfte einsparen werden. Sie würden dadurch den Arbeitsmarkt zusätzlich belasten, ihren Beitrag zum sozialen Sicherungssystem aber gleichzeitig senken können.

Ein Unternehmen, das Personal einstellt und damit den Arbeitsmarkt entlastet, muß nun umgekehrt seinen Beitrag zum System der sozialen Sicherung noch erhöhen. Diese Koppelung des sozialen Sicherungssystems an die Lohnnebenkosten ist nicht mehr sinnvoll. Wenn allein der Produktionsfaktor Arbeit mit Sozialabgaben belastet wird, fördert man den Prozeß, daß nicht in erster Linie Kapital und Energie, sondern Arbeitskräfte eingespart werden. Das Sparen von Energie wird weitaus geringer belohnt als das Reduzieren von Arbeitsplätzen, eine unverständliche Diskriminierung des Produktionsfaktors Arbeit.

Es ist heute keine Seltenheit mehr, daß die Investitionssumme, die für einen modernen industriellen Arbeitsplatz aufgewendet werden muß, bis zu 500 000 DM beträgt. Der Kapitaldienst für diese Summe würde ausreichen, um eine Arbeitskraft zu bezahlen. Im Grunde zeigt dies, wie weit die Verdrängung des Faktors Arbeit aus der Produktion schon fortgeschritten ist und daß bei solchen Relationen die Beschäftigungsprobleme nicht mehr in der herkömmlichen Weise lösbar sind. Hier zeichnet sich vielmehr eine zunehmende Krise der herrschenden Produktionslogik und

Produktionsweise ab. Es wundert einen nicht, daß sich soziale und ökologische Probleme anhäufen. Neue Rahmenbedingungen müssen daher von der Politik geschaffen werden.

Ein Beschäftigungsprogramm ist notwendig

Rahmenbedingungen zur Lösung der Beschäftigungskrise können nicht über Nacht entwickelt werden. Es hätte schon längst etwas geschehen müssen, denn wir haben mehr als zwei Millionen Arbeitslose. Die gegenwärtig herrschende beschäftigungspolitische Untätigkeit ist ein sozialpolitischer Skandal ersten Ranges. Ein Beschäftigungsprogramm kann nicht zum Ziel haben, irgendeine Beschäftigung herzustellen, nur damit die Menschen Arbeit haben. Diese Logik entspricht der bisherigen Politik. Oswald von Nell-Breuning kritisiert zu Recht: Um die Menschen in Arbeit zu bringen, müssen wir sie damit beschäftigen, immer mehr Zeug herzustellen, das wir nicht brauchen. Wir zehren damit die Rohstoffe auf und verschandeln mit den Abfällen unsere Umwelt.

Es gibt aber genügend Felder gesellschaftlichen Bedarfs: Maßnahmen des Umweltschutzes wie Rauchgasentschwefelung, Abwasserbehandlung und Abfallbeseitigung; Energieeinsparung, rationelle Energienutzung, Ausbau der Fernwärmeversorgung, Block-Heizkraftwerke und regenerative Energiesysteme; Ausbau öffentlicher Verkehrssysteme, Verkehrsberuhigung und Radwege u. a. m. Der Deutsche Gewerkschaftsbund fordert seit 1980 ein Beschäftigungsprogramm von jährlich 10 Milliarden für umweltverträgliche Investitionen, das zumindest teilweise die Arbeitslosigkeit abbauen würde. Das hessische Umweltministerium hat im Mai 1983 ein ökologisch orientiertes Wirtschafts- und Arbeitsplatzprogramm für die Schaffung von 760000 Arbeitsplätzen in der Bundesrepublik vorgelegt. Die SPD-Bundestagsfraktion hat ein auf 15 Jahre angelegtes Sanierungsprogramm vorgeschlagen, das Umweltmaßnahmen durch ein

»Sondervermögen Arbeit und Umwelt« finanzieren soll. Die Finanzierung wird durch eine Umweltabgabe auf den Stromverbrauch sowie den Mineralöl- und Gasverbrauch angestrebt.

Allen diesen vorgeschlagenen Maßnahmen ist gemeinsam, daß hier qualitatives Wachstum konkret erfolgen soll. Da die Programme langfristig angelegt sind, handelt es sich nicht um Konjunkturprogramme früheren Musters. Neben der sofort spürbaren Mehrbeschäftigung würde ein weitreichender wirtschaftlicher Strukturwandel mit sozialer und ökologischer Ausrichtung eingeleitet werden. Wer Kostenvergleiche mit der gegenwärtigen arbeitsmarktpolitischen Abstinenz zieht, muß die durchschnittlichen Kosten eines Arbeitslosen in Höhe von 25700 DM pro Jahr ebenso in Rechnung stellen wie die materiellen und immateriellen Schäden infolge unterlassenen oder verzögerten Umweltschutzes.

Ganz ohne staatliche Nachfrage glauben im übrigen auch diejenigen nicht auskommen zu können, die ein Beschäftigungsprogramm ablehnen. Milliardensummen werden allein für die Verkabelungspläne des Bundespostministeriums bereitgestellt. Will der Staat aber qualitatives Wachstum hervorrufen, muß er Investitionen begünstigen, die beschäftigungswirksam sind und sozialen und ökologischen Erfordernissen gleichermaßen genügen.

Jeder hat das Recht auf Arbeit: Das ist ein Gebot menschlicher Solidarität. Es kann nicht hingenommen werden, daß viele Menschen – insbesondere Jugendliche – keine berufliche Perspektive mehr haben. Zwar ist es richtig, daß auch außerhalb der Erwerbsarbeit Arbeit möglich ist, Lebensperspektiven entworfen und entwickelt werden müssen, aber die gegenwärtige Aufteilung der Gesellschaft in Arbeitsbesitzer und Arbeitslose muß beseitigt werden.

Das ist nicht allein über ein ökologisch orientiertes und sozial verträgliches Beschäftigungsprogramm zu erreichen. Es muß auch eine faire Neuverteilung der vorhandenen und durch die Produktionsentwicklung weiter abnehmenden Arbeit erfolgen. Seit jeher war die Verkürzung der Arbeitszeit ein geeignetes und erfolgreiches Mittel, Arbeitslosigkeit zu bekämpfen. Aber weder das Wegpensionieren von älteren Beschäftigten noch die erweiterte Einführung flexibler Arbeitszeiten sind allein richtige Maßnahmen in der Arbeitsmarktpolitik; die Arbeitszeitverkürzung muß vielmehr auf ein gesellschaftspolitisches Ziel hin orientiert werden.

Eindeutig Vorrang muß eine schrittweise Verkürzung der täglichen Arbeitszeit haben, da dies der besseren Vereinbarkeit von Familie und Erwerbstätigkeit dient. Neben der Beschäftigungswirksamkeit würde damit auch ein wichtiger Beitrag dazu geleistet, daß sich Mann und Frau gleichermaßen um Haushalt und Kinder kümmern können. Ein Minister zog einmal den Vergleich zwischen der Arbeitszeit der Erwerbstätigen und der schulischen Beanspruchung der Kinder und meinte: Wir dürfen nicht dahin kommen, daß die Erwachsenen in Zukunft weniger leisten als die Kinder. Dieser Minister leitete das Ressort Wirtschaft. Vom wirklichen Leben der Menschen hatte er aber offenbar keine Vorstellung.

Für viele Berufstätige ist nach acht Stunden die Arbeit nicht zu Ende, sondern wichtige Tätigkeiten beginnen dann erst. Diese Tätigkeiten werden zwar nicht bezahlt; sie stellen aber dennoch eine gesellschaftlich höchst wertvolle Arbeit dar. Viele im Berufsleben stehende Erwachsene haben ein schlechtes Gewissen, weil sie sich nicht genügend Zeit für ihre Kinder nehmen können. Sie wären deshalb gerne bereit, sich in der zusätzlich gewonnenen Zeit verstärkt ihren Kindern zu widmen. Es geht deshalb bei einer Arbeitszeitverkürzung nicht nur um »mehr Freizeit«.

Der Arbeitskampf des Jahres 1984 sollte gar nicht in erster Linie etwas für die Beschäftigten erreichen. Es war vielmehr das erklärte Ziel, etwas für diejenigen zu tun, die aus dem Arbeitsleben ausgegliedert waren. Damit gewann er eine neue Qualität. Unserer Demokratie wird es auf Dauer nicht gut bekommen, wenn die Arbeitnehmerschaft in zwei Lager aufgeteilt ist: Die einen haben Arbeit, die anderen keine.

Weniger konsumieren, mehr bewahren

Konservative Wachstumsstrategen schwelgen manchmal in nostalgischen Erinnerungen an die Aufbauleistungen der Nachkriegsgenerationen und fordern heute von den Bundesdeutschen eine ähnliche Leistungsbereitschaft. Nur können sie nicht vermitteln, in welche Richtung eine lohnende gesellschaftliche Anstrengung gehen soll. Irgendwelche abstrakten Wachstumsfelder und Produktinnovationen vermögen offenbar die Menschen nicht zu motivieren. Dagegen sind die Erhaltung der natürlichen Umwelt, die soziale Kontrolle des technischen Wandels, die ökologische Ausrichtung von Wirtschaft und Gesellschaft ähnliche Aufgaben wie der Wiederaufbau nach dem Krieg.

Die Menschen zu immer mehr Leistung und zum Konsum neuer Produkte zu drängen, steht im Widerspruch zu gleichzeitig gepredigten Tugenden der Opferbereitschaft, des Maßhaltens, des Verzichts auf das »Anspruchsdenken«. Erhards Maßhalteappelle in den sechziger Jahren hatten immerhin noch einen Sinn: Eine überschäumende Konjunkturphase sollte durch zusätzlichen Konsum nicht noch weiter angeheizt werden. Die konservativen Wachstumsstrategen heute verlangen dagegen beides gleichzeitig: Maßhalten und immer mehr Konsum. Da wird den Arbeitern von ARBED-Saarstahl der Verzicht auf die Hälfte der tariflichen Weihnachtszuwendungen abgepreßt und gleichzeitig ein Aufruf an die Bevölkerung gerichtet, durch kräftigen Konsum in der Weihnachtszeit dem wirtschaftlichen Aufschwung zusätzliche Impulse zu verleihen.

Davon abgesehen, daß nicht alle einen ausreichenden oder gar gerechten Anteil am gesellschaftlichen Reichtum haben: Die Menschen wollen nicht immer mehr produzieren, um immer mehr konsumieren zu können. Die Begeisterung für neue Konsumgüter und Konsummöglichkeiten ist nicht mehr unbeschränkt vorhanden; allein schon das Beispiel der Verkabelungspleite beweist das. Bewahren und Erhalten rücken vor dem Hintergrund der Natur- und Landschaftszerstörung stärker in den Vordergrund. Mißtrauen gegenüber der herrschenden Politik, die jede technische Entwicklung positiv beurteilt, sofern sie sich nur in ökonomisches Wachstum ummünzen läßt, ist geboten. Arbeitslosigkeit und Umweltbelastung werden zunehmend als direkte Folgen der technisch-industriellen Entwicklung wahrgenommen. Das Bewußtsein dafür, daß unkontrollierter technischer Wandel und bedingungsloses Wachstum schwere soziale und ökologische Probleme hervorrufen, ist gewachsen.

Der Schwerpunkt der Wirtschaftspolitik liegt zukünftig nicht allein in der Verteilungs-, sondern auch in der Produktionspolitik. Daß sich in einzelnen Fällen durchaus Konflikte zwischen Umweltschutzanforderungen und bestehenden Arbeitsplätzen ergeben können, ist nicht zu leugnen. Die Gewerkschaften tragen hierbei eine besondere Verantwortung für die von ihnen vertretenen Beschäftigten. Wer sie aber heute noch als Kronzeugen für die falsche Alternative Arbeitsplätze oder Umweltschutz benennt, hat in Wahrheit nichts anderes im Sinn, als die organisierte Arbeitnehmerschaft gegen zukunftsgerichtete politische Ideen und Bewegungen zu mobilisieren.

Umweltschutz schafft Arbeitsplätze

Wenn heute in der Bundesrepublik ein Politiker der Regierungsparteien darauf hinweist, daß wir in der Arbeitsschutz- und Sozialgesetzgebung andere Länder überträfen, so will er damit in der Regel nicht etwa unserem Land ein Lob zollen, sondern eher etwas Negatives zum Ausdruck bringen. Er will damit sagen, daß leistungsfeindliche Fesseln bestehen und die Wirtschaft zu hoch belastet ist. Wenn dagegen heute festgestellt wird, daß ein Land die strengsten Umweltschutzgesetze aufweist, wird dies von denselben Politikern nicht mehr, wie noch vor drei Jahren, als etwas dargestellt, was Investitionen verhindert und die wirtschaftliche Leistungskraft schwächt. Es wird im Gegenteil als Beweis der Stärke und Wettbewerbsfähigkeit einer Wirtschaft bewertet.

Nicht zufällig, so sagt man, sind Japan, die USA und die Bundesrepublik Deutschland in dieser Reihenfolge die Nationen, in denen die meisten Umweltschutzinvestitionen getätigt würden. Früher war das anders. Noch 1981 erklärte der damalige Wirtschaftsminister Otto Graf Lambsdorff: »Vorrangige Prioritäten können wir Umweltaspekten dann einräumen, wenn wir die drängenden Probleme des Arbeitsmarktes gelöst haben.«

Heute ist jedem klar, daß der Cheftheoretiker der Rechtswende viel zu kurz gedacht hat. Seine Freunde in der Regierung wissen inzwischen längst, daß der deutsche Wald fünfmal gestorben wäre, wenn man Aktionen zu seiner Rettung erst unternehmen könnte, nachdem das Problem der Arbeitslosigkeit mit dem derzeit angewandten, von Lambsdorff selber vorgeschlagenen Rezept der arbeitsmarktpolitischen Untätigkeit gelöst ist. Sie sind inzwischen auch dahintergekommen, daß Umweltschutz zu den wenigen Bereichen gehört, in denen geeignete politische Maßnahmen tatsächlich viele Investitionen auslösen können. Der Bedarf, Umweltschäden zu beseitigen und umweltverträgliche Produktionsanlagen herzustellen, ist groß.

Noch vor wenigen Jahren hat man den gewaltigen »Investitionsstau« von mehr als 50 Milliarden beklagt, der aufgrund von Protesten und Aktionen von Umweltschutzinitiativen entstanden sei. Heute ist davon keine Rede mehr. Umweltschutz hat nicht Arbeitsplätze verhindert, Umweltschutzinvestitionen haben im Gegenteil zahlreiche neue Arbeitsplätze ermöglicht. Man spricht davon, daß inzwischen 250 000 Menschen in der Umweltschutzindustrie beschäftigt sind. Diese Industrie weist die höchsten Zuwachsraten aus, so daß inzwischen auch die Wachstumspolitiker schon gemerkt haben, daß Umweltschutz zu den wenigen Bereichen zählt, in denen man sich Wachstumshoffnungen machen kann.

An der Börse hat man die Zusammenhänge auch schon erkannt. Unternehmen, die sich mit Umwelttechnologien beschäftigen, gelten als Börsenfavoriten. Im Wirtschaftsteil der Zeitungen liest man Schlagzeilen wie: »Umwelt läßt die Kassen klingeln.« Umweltschutz steht folglich heute in jeder Beziehung hoch im Kurs. Beschleunigt wurde der Umdenkungsprozeß durch die Erkenntnis, daß Umweltschutz nicht »nur« den Menschen dient, sondern über den Effekt von Umweltschutzinvestitionen hinaus auch unmittelbar der Wirtschaft zugute kommt.

Brunowsky und Wicke beschreiben dies in ihrem Buch »Der Ökoplan« so: »Eine intakte Umwelt bedeutet nicht nur hohen Freizeitwert, sondern günstigere Rahmenbedingungen für die Unternehmen: Arbeitskräfte sind gesünder und leistungsfähiger; sauberes Wasser für die Produktion braucht nicht vorgereinigt zu werden; saubere Luft für empfindliche Produktionen braucht nicht oder nur gering vorgefiltert zu werden, und Material, Maschinen, Gebäude sind vor Korrosionsschäden besser geschützt.«

Unsere Umwelt wird nicht mehr als »freies Gut«, als kostenloser Produktionsfaktor behandelt. Die hohe ökonomische Bedeutung des Umweltschutzes hat sich zwar bei den Fünf Weisen des Sachverständigenrats noch nicht herumgesprochen, sie verändert aber bereits die Wirtschaftstheorie. In der Wirtschaftswissenschaft ist eine volkswirtschaftliche Spezialdisziplin »Umweltökonomie« entstanden; Umweltpolitik wird auch bereits als eine Teildisziplin der Wirtschaftspolitik, wie Verkehrs- und Regionalpolitik, betrachtet. Der Staat muß nicht nur dafür sorgen, daß Straßen und sonstige Infrastruktureinrichtungen zur Verfügung stehen, sondern er muß sich auch um die Erhaltung der Umwelt kümmern. Staat und Wirtschaft müssen sich hierbei ergänzen.

Ich habe davon gesprochen, daß die Umweltgesetzgebung heute höher im Kurs steht als die Arbeitsschutz- und Sozialgesetzgebung. Ursache dafür ist das immer noch vorherrschende makabre Denken: Sachen sind wichtiger als Menschen. Da der Produktionsfaktor Umwelt knapp und der Mensch im Wirtschaftsprozeß überzählig wird, ziehen Wachstumsgläubige, die in diesen Kategorien denken, den Schluß: Die Umwelt muß in Zukunft stärker, die Menschen müssen weniger vor den negativen Folgen des Wirtschafts- und Arbeitsprozesses geschützt werden.

Umweltschutz als Wachstumshoffnung

Umweltschutz ist keine Neuentdeckung. Willy Brandt beispielsweise erklärte bereits 1961: »Reine Luft, reines Wasser und weniger Lärm dürfen keine papiernen Forderungen bleiben. Erschreckende Untersuchungsergebnisse zeigen, daß im Zusammenhang mit der Verschmutzung der Luft und des Wassers eine Zunahme von Leukämie, Krebs, Rachitis und Blutbildveränderungen sogar schon bei Kindern festzustellen ist. Es ist bestürzend, daß diese Gemeinschaftsaufgabe, bei der es um die Gesundheit von Millionen Menschen geht, bisher fast völlig vernachlässigt wurde. Der Himmel über dem Ruhrgebiet muß wieder blau werden.«

Es war dann auch die sozialliberale Koalition unter dem Bundeskanzler Brandt, die als erste Regierung ein umfassendes Umweltprogramm vorlegte, das bis heute die Grundlage der Umweltpolitik geblieben ist. Für verschiedene Umweltbereiche wurden Fachgesetze verabschiedet: 1971 das Fluglärmgesetz und das Benzin-Blei-Gesetz, 1972 das Abfallbeseitigungsgesetz und das DDT-Gesetz sowie die Grundgesetzänderung zur Stärkung der Bundeskompetenz im Umweltschutz. 1974 erfolgte die Gründung des Umweltbundesamtes, und es wurde das Bundesimmissionsschutzgesetz erlassen. Weitere wichtige Gesetze folgten.

Mit dem Ende der Wachstumsära wurde dann eine Wende in der Umweltpolitik vollzogen. Experten der Umweltpolitik erwähnen in diesem Zusammenhang immer wieder das »Gymnicher Gespräch«. Armin Bechmann und Gerd Michelsen stellen es so dar: »Zu ihm lud der damalige Bundeskanzler Helmut Schmidt im Juli 1975 Mitglieder der Regierung, Vertreter der Länder, Unternehmer und Gewerkschaftsverbände zu einer Klausurtagung auf Schloß Gymnich ein. Worum ging es bei dieser als ›Gymnicher Gespräch‹ in die kurze traurige Geschichte der staatlichen Umweltpolitik eingegangenen Klausur? Umweltschutz wurde von vielen als Hemmschuh eines schnellen Wiederaufschwungs gesehen. Die Wirtschaft wollte das – für sie zumeist nur theoretische, aber dennoch als störend empfundene – Joch des ›Verursacherprinzips‹ abschütteln. In vertrauter Runde und erlesener Umgebung kamen die Mächtigen überein, weniger Umweltschutz und diesen dazu langsamer zu betreiben.«

Unabhängig von den Schwankungen der Umweltpolitik hat der Staat in den vergangenen 15 Jahren mit Umweltgesetzen und anderen Maßnahmen in immer stärkerem Umfang Umweltschutz betrieben. Staat und Wirtschaft haben in diesem Zeitraum weit mehr als 120 Milliarden für Umweltschutz ausgegeben. Damit wurde bei der Luftverbesserung ebenso wie bei der Abwässerreinigung oder der Abfallbeseitigung einiges bewirkt. Um so erschreckender ist aber, daß all dies das Fortschreiten der Umweltzerstörung nicht aufgehalten hat. Das Waldsterben ist in vollem Gang. Die Bodenzerstörung kommt erst jetzt so richtig ins Bewußtsein der Öffentlichkeit, und bei der Abfallbeseitigung entdeckt man das schier unlösbare Problem der »Altlasten«.

Da die Umweltprobleme sich zur Umweltkatastrophe ausweiten, werden in der Umweltpolitik neue Wege gesucht. Ausgehend von der Überlegung, daß die Umwelt von der Wirtschaft künftig nicht mehr als »freies Gut« behandelt werden könne, sondern einen Preis haben müsse, lautet eine These, daß in dem Umweltschutzbereich mehr Marktwirtschaft eingeführt werden müsse. Gemeint ist hierbei nicht, daß Umweltschutz-Technologien oder -Produkte wie beispielsweise Katalysatoren von privaten Unternehmen produziert und am Markt angeboten werden, sondern daß künstlich ein Markt hergestellt wird, auf dem Genehmigungen für Umweltverschmutzung als Zertifikate erworben werden können.

Ich kann diesen Vorschlägen nichts abgewinnen. Volker Hauff weist zu Recht darauf hin, daß bei diesen sogenannten marktwirtschaftlichen Instrumenten neue Bürokratien unumgänglich wären: »Der Staat müßte die ökologische Ausgangssituation erfassen, die Immissionsgebiete und Zertifikatsmärkte räumlich abgrenzen, einen Mechanismus der permanenten Bewertung von Zertifikaten finden und steuertechnisch abwickeln und die Einhaltung der Vorschriften überwachen.«

Brunowsky und Wicke wenden demgegenüber ein, die allerwichtigste Voraussetzung für eine erfolgreiche Umweltpolitik sei, das bisherige Ausmaß der Umweltverschmutzung erst einmal festzustellen. Dieser Einwand trägt aber nicht: Das Waldsterben drängt zum sofortigen Handeln. Im übrigen zielt die Kritik Volker Hauffs ja zu Recht auf die aufwendige Bürokratie, die mit diesen »marktwirtschaftlichen Vorschlägen« verbunden wäre.

Grünes Wirtschaftswunder?

Ich habe vorhin die ökologische Umrüstung unserer Wirtschaft mit dem Wiederaufbau der zerstörten Produktionsstrukturen in der Nachkriegszeit verglichen. Mein Vergleich bezieht sich aber nur auf die Größe der gesellschaftlichen Aufgabe. Ihn auch dahingehend auszuweiten, daß uns ein grünes Wirtschaftswunder bevorstehen könnte, führt in die Irre. Während die materielle Produktion damals im Vordergrund stand und gefördert werden konnte, muß diese heute im Gegenteil auf ein umweltverträgliches Maß zurückgeführt werden. Dies gilt auch dann, wenn man die Notwendigkeit von Umweltreparaturen und der Entwicklung von umweltfreundlichen und energiesparenden Technologien erkennt und befürwortet.

Das erfolgreiche Konzept der Nachkriegszeit hatte ja darin bestanden, der Privatinitiative möglichst viel Raum zu lassen, um den Konsumgüterbedarf zu befriedigen. Die Umweltreparatur dagegen erfordert staatliche Nachfrage, kommunale Investitionen und staatliche Regelungen. Um ein Beschäftigungsprogramm kommt man deshalb auch von der ökologischen Aufgabenstellung her nicht herum, genausowenig wie um eine Stärkung der kommunalen Finanzkraft, da im Energiebereich gerade dort die nötigen Investitionen getätigt werden müssen. Aus der Tatsache, daß trotz zahlreicher gutgemeinter Umweltschutzgesetze die allgemeine Umweltsituation sich permanent verschlechtert, muß die Lehre gezogen werden, daß einzelne Reformgesetze nicht mehr ausreichen. Es ist tatsächlich eine »Systemveränderung« erforderlich, um das vielgeschmähte Wort zu gebrauchen.

Wir werden am Beispiel des abgasarmen Autos noch erleben, wie wenig die herkömmlichen Rezepte ausreichen: Zunächst sieht es bereits so aus, daß wirtschaftliche Interessen unserer europäischen Nachbarländer die rechtzeitige Anwendung der strengeren Abgaswerte verhindern werden. Bei der vorherrschenden Denkweise würde sich die Bundesrepublik im umgekehrten Fall genauso verhalten. Man könnte ja auch daran denken, Maßnahmen einzuleiten, die nicht der europäischen Zustimmung bedürfen. Aber nicht einmal ein Tempolimit kann durchgesetzt werden.

Auch die Einwände gegen den Katalysator kommen nicht zur Ruhe: Die einen sagen, daß er den Benzinverbrauch zu stark erhöht, andere wollen gar ausgemacht haben, daß durch den Verschleiß des Platins – übrigens auch einer der kostbaren Rohstoffe, die nicht unerschöpflich vorhanden sind – krebserregende Substanzen gebildet werden. Des weiteren: Wie steht es um die Verkehrsprobleme unserer Städte, die Zerstörung der Landschaft für Verkehrsbauten? Man vergißt zu leicht, daß diesen Problemen mit Katalysatoren nicht beizukommen ist. Wenn dann noch das Wundermittel so spät eingeführt wird, daß es dem sterbenden Wald kaum mehr helfen wird, muß man schon die Frage stellen: Gleicht das Bemühen, die Probleme, die durch industrielle Techniken hervorgerufen wurden, mit denselben Mitteln zu lösen, nicht dem Versuch, sich am eigenen Schopf aus dem Sumpf zu ziehen?

Art, Richtung und Tempo des technischen Wandels müssen in einer demokratischen Gesellschaft politisch zur Disposition stehen. Eberhard Fehrmann, Leiter der Abteilung Technologie und Humanisierung der Arbeit beim DGB-Bundesvorstand, begründet dies so: »Der umfassende technische Wandel, der ja in Wirklichkeit nichts anderes ist als ein gewaltiger sozialer Umwälzungsprozeß, der tief in das Leben einzelner und in die Beziehung sozialer Gruppen zueinander eingreift, vollzieht sich heute sichtbarer als noch in der Vergangenheit außerhalb des Scheins von individueller Selbstbestimmung und sozialer Beteiligung. Nicht gewollte oder nicht frei bestimmbare gesellschaftliche Veränderungen, namentlich so tiefgreifende Lebenseingriffe, wie sie gegenwärtig durch den Einsatz neuer Technologien hervorgerufen werden, werden gemeinhin als Merkmale totalitärer Gesellschaft bezeichnet.«

In der Tat: Die gegenwärtige technologische Entwicklung gleicht einem Höchstgeschwindigkeitszug, in dem wir sitzen, ohne zu wissen, wohin die Reise geht und wie wir auf das Ziel Einfluß nehmen können. Traditionelle Bemühungen um Humanisierung am Arbeitsplatz werden von der neuen Entwicklung überrollt. Wer die soziale Kontrolle der technischen Entwicklung fordert, ist deshalb nicht »technikfeindlich«. Die deutschen Gewerkschaften galten lange Zeit als diejenigen, die technischen Fortschritt und Rationalisierung fast ohne Vorbehalte bejahten. Diese Zeit ist zu Ende. Die Gewerkschaften sind inzwischen nicht technikfeindlich geworden, aber sie wollen nicht mehr jeden weiteren technischen Fortschritt bejahen. Sie wollen die Folgen übersehen und die Richtung mitbestimmen.

Ziele einer neuen Produktionspolitik

Im Grunde zeigt sich auch hier, daß ein linearer Fortschritt von einem bestimmten Entwicklungsstand an auch Rückschritt bedeuten kann. Produktivitätsfortschritte haben Arbeitsentlastungen und Freisetzung menschlicher Arbeit für andere Aufgaben bewirkt. Inzwischen treten mehr und mehr die negativen Folgen in den Vordergrund, wie die Vertreibung des Menschen aus der Arbeit und der Verlust von Humanität in der Arbeit. Technischer Fortschritt ist also nur bedingt ein fortgesetzt positiver Prozeß. Eine sozial und ökologisch vernünftig gestaltete Technologieentwicklung reicht ins Zentrum der politischen Willensbildung einer demokratischen Gesellschaft. Staatliche Politik, die jede Technikentwicklung grundsätzlich nur positiv sieht, trägt den negativen sozialen Folgen des technischen Wandels nicht Rechnung.

Gefordert wurde die ökologische Ausrichtung der Produktion, die soziale Kontrolle des technischen Wandels und die politische Beeinflussung der Produktivitätsentwicklung. Ordnungspolitiker werden fragen: Wird da nicht die Marktwirtschaft gefährdet und tief in die unternehmerische Entscheidungsfreiheit eingegriffen?

Im Energiesektor nimmt der Staat unbestritten eine bedeutende gestaltende Funktion wahr. Ob wir Atomstrom oder anderen Strom beziehen, entscheidet nicht der Konsument am Markt, sondern der Staat entscheidet, ob zentralisierte nukleare Großvorhaben gefördert werden oder ob der »sanfte« Weg dezentraler und regenerierbarer Energie eingeschlagen wird. Eine Technologie-Folgenabschätzung ist in einem demokratischen Entscheidungsprozeß notwendig.

Es ist zu fragen:

1. Ist die Technologie umweltverträglich? Bestehen langfristige Umweltrisiken?

2. Ist es möglich, die eingeleitete technologische Entwicklung zu verändern und sie auch wieder rückgängig zu machen?

3. Welche Auswirkungen hat die neue Technologie auf die Beschäftigung?

4. Welche Auswirkungen hat die neue Technologie auf das gesellschaftliche Leben?

Umweltpolitische Regelungs- und Kontrollinstrumente, um die ökologisch verantwortbare Produktionsgestaltung zu erreichen, gibt es im Prinzip schon heute. Daß die Umweltsituation sich dennoch permanent verschlechtert, liegt nicht nur an der Unvollständigkeit und halbherzigen Anwendung dieser Instrumente. Vielmehr bedarf es der »ökologischen Wende« in nahezu allen politischen Regelungsbereichen. Eine neue Produktionspolitik müßte vorrangig versuchen, die Produktivitätsentwicklung nach ökologischen und sozialen Kriterien zu beeinflussen. Unter Produktivitätsfortschritt wird in der Regel die Steigerung der Arbeitsproduktivität verstanden, das heißt, daß mit weniger Arbeitseinsatz eine gleiche oder höhere Produktion erzielt wird. Dies geschieht überwiegend dadurch, daß menschliche Arbeitskraft durch Kapital und Energie ersetzt wird, was richtig ist, da es die Mühsal der Arbeit zu verringern gilt.

Arbeit ist aber nicht nur Mühsal, sondern sie gibt auch Befriedigung. Der persönliche Bezug zur Arbeit schlägt sich in der Qualität der Produkte nieder, was der Verbraucher auch honoriert. Dies gilt nicht nur für Dienstleistungen, sondern auch für alle sogenannten schöpferischen Tätigkeiten, vom Handwerk bis zur Arbeit des Erfinders. Dennoch besteht kein Zweifel, in vielen Fällen wurde heute schon die menschliche Arbeit soweit ausgeschaltet, daß eine weitere Reduktion eindeutig zur Minderung der Produktions- beziehungsweise Leistungsqualität führte.

Der Schweizer Wirtschaftswissenschaftler Hans-Christoph Binswanger vertritt die These, daß es in Zukunft weniger darum gehen müsse, immer noch mehr und mehr Produkte zu produzieren: »Es geht vielmehr darum, besser zu produzieren bei gleichzeitiger Entlastung der Umwelt, was in der Regel auch einen höheren Arbeitseinsatz benötigt.« Die Frage lautet hier: Ist es in jedem Fall sinnvoll, menschliche Arbeitskraft durch Kapital und Energie zu ersetzen, oder könnte es hier und da auch sinnvoll sein, Kapital und Energie durch menschliche Arbeitskraft zu ersetzen?

Die Antwort ist nicht immer so einfach zu finden wie in den folgenden beiden Fällen: Punktschweißarbeiten und gesundheitsschädliche Lackierarbeiten in der Automobilindustrie werden zweifellos besser und sinnvoller durch computergesteuerte Maschinen erledigt. Überlegungen dagegen, Wach- und Schließpersonal in den Gefängnissen durch Roboter zu ersetzen (solche Überlegungen soll es in den USA tatsächlich geben), wären ein Beispiel für die Absurdität des auf die Spitze getriebenen technologischen Fortschritts. Würde derartiges tatsächlich eingeführt, müßte es schleunigst wieder rückgängig gemacht werden. Es bedeutete dann, umgekehrt wie im ersten Fall, Kapital und Energie (wieder) durch menschliche Arbeit zu ersetzen. Vom Standpunkt der Arbeitsproduktivität her gesehen wäre dies ein Rückschritt. Unter dem Aspekt einer sozialen Produktivität wäre die Maßnahme dagegen ein Fortschritt.

Generell läßt sich jedenfalls sagen: Vielfach wäre es ökologisch und sozial sinnvoller, statt arbeitssparenden Investitionen energiesparende Investitionen vorzunehmen. Eine neue Produktionspolitik müßte Energiesparen belohnen und Energiemehreinsatz verteuern. Daß man auch daran denken könnte, den Faktor Arbeit nicht mehr einseitig mit den Kosten des gesamten Sozialversicherungssystems zu belasten, darauf wurde bereits hingewiesen. Binswanger schlägt in diesem Zusammenhang vor, die Sozialleistungen zu einem Drittel aus einer Energieabgabe bei gleichzeitiger Reduktion der Arbeitgeber- und Arbeitnehmerbeiträge zu je einem Drittel zu finanzieren.

Verteuerung der Energieumwandlung ist auf jeden Fall dringend geboten. Ob es sich dabei um die Erhöhung der Mineralölsteuer handelt oder um die Erhöhung der Strompreise – diese Maßnahmen steuern auf jeden Fall in die richtige

Richtung. Steuern heißt ja, einer Bewegung eine Richtung geben. Wenn Franz Josef Strauß wieder die Erhöhung der Kilometergeld-Pauschale fordert, so ist dies ein falscher Ansatz. Der Ausgleich sozialer Belastungen für die einkommensschwachen Haushalte ist auf anderem Wege besser zu bewerkstelligen.

Bei der Verteuerung der Energieumwandlung ist zu beachten, daß sie für die am Wirtschaftsleben Beteiligten im vorhinein kalkulierbar ist und daß sie sich nicht bruchstückhaft vollzieht. Der von den Grünen in die Diskussion gebrachte Vorschlag, die Mineralölsteuer um eine DM pro Liter zu erhöhen, zielt in die richtige Richtung, schüttet aber das Kind mit dem Bade aus. Ein solcher Vorschlag ist sicherlich für begeisterte Radfahrer, die sich über den täglichen Pkw-Verkehr ärgern, eine Genugtuung. Dem ökologischen Erfordernis aber, die große Mehrheit der Menschen für den notwendigen Umbau unserer Gesellschaft zu gewinnen, trägt er kaum Rechnung.

Die fortschreitende Kapitalisierung des Produktionsprozesses ist auch ein Ergebnis der gegenwärtigen Abschreibungspraxis. Durch sie wird der Ersatz von Arbeitskräften durch Maschinen steuerlich begünstigt. Auch hier steuert der Staat, wenn man das Beschäftigungsziel vor Augen hat, in die falsche Richtung. Der Einwand der internationalen Wettbewerbsfähigkeit greift vor dem Hintergrund steigenden Energie- und Rohstoffverbrauchs zu kurz, da nicht mehr zu bestreiten ist, daß beim weltweiten Fortschreiten der vorhandenen Entwicklungstendenzen die Lebensgrundlagen endgültig und unwiderruflich zerstört sein werden.

Es gibt eine Erklärung des Ökumenischen Arbeitskreises, die Grundlage einer Neuorganisierung der Arbeit sein könnte. Der Ökumenische Arbeitskreis, dem unter anderem F. Hengstbach (Katholische Kirche), W. Sohn (Evangelische Kirche), F. Steinkühler (IG Metall), D. Hensche (IG Druck und Papier) angehören, sagt zur zukünftigen Organisation der Arbeit:

»a) Menschliche Arbeitszeit läßt sich nicht, auch nicht in Teilen, in Gestalt bestimmter Arbeitszeiten, zum Zweck einer totalen wirtschaftlichen Nutzung kaufen.

b) Der Umgang mit bezahlter Arbeitszeit als eines Teils menschlicher Lebenszeit hat sich vielmehr jederzeit am Maßstab der Lebensförderlichkeit auszurichten. [Damit gemeint ist] die ständige Aufgabe der Humanisierung der Arbeit.

c) Dem Ziel einer Versöhnung von Arbeit und Leben ist nicht schon dadurch ausreichend entsprochen, daß das zeitliche Maß an Freizeit vergrößert wird, während gleichzeitig die verringerte Arbeitszeit weiterhin ausschließlich dem Grundsatz wirtschaftlicher Nutzbarkeit ausgeliefert bleibt und im Zusammenhang mit einer Arbeitsverdichtung sogar eine Erhöhung der Arbeitsbelastung stattfindet.

d) Die Versöhnung von Arbeit und Leben muß vor allem innerhalb der Arbeit durchgesetzt werden.«

Die Humanisierung der Arbeit bleibt auch angesichts der gegenwärtigen Arbeitslosigkeit eine zentrale Aufgabe. Strategien zur Arbeitszeitverkürzung sollten deshalb bei der Arbeit selber ansetzen. Bei allen Überlegungen, die Arbeit zu humanisieren, wird ebenfalls die internationale Konkurrenzfähigkeit ins Spiel gebracht. Je instabiler die Welt wird – und das ist leider zu erwarten –, desto mehr wird Stabilität im Inneren anzustreben sein. Konkurrenzfähig ist ein Land, wenn es auch die mit der Produktion verbundenen sozialen und ökologischen Risiken bewältigt hat.

Der Sozialstaat in der Krise

Die Krise des Wachstumsmodells widerspiegelt sich in der Krise des sozialstaatlichen Systems. Der Sozialstaat, das heute erreichte Netz der sozialen Sicherheit, ist die große historische Leistung der deutschen Sozialdemokratie. Die Mehrzahl der Bundesbürger spricht der SPD unter den vorhandenen Parteien noch immer die größte Kompetenz auf dem Gebiet der Sozialpolitik zu. Die Sozialpolitik der SPD verfolgt das Ziel, gesellschaftliche Ungerechtigkeiten und Schäden durch staatliche Sozialleistungen auszugleichen, die über Steuern und Sozialbeiträge finanziert werden.

Es ist eine große Errungenschaft, daß die einzelnen Empfänger solcher Sozialleistungen nicht als Bittsteller vor die staatlichen Instanzen treten müssen, sondern einen Rechtsanspruch auf staatliche Sozialleistungen haben, sofern sie bestimmte Kriterien erfüllen. Durch die sozialdemokratische Reformpolitik wurde das Netz der sozialen Sicherheit immer enger geknüpft. Die staatlichen Sozialleistungen stiegen an und mit ihnen der Sozialhaushalt. Das Dilemma dieser Art von Sozialpolitik liegt darin, daß die zur Aufstockung des Sozialbudgets erforderlichen Mittel nur unter den Bedingungen des wirtschaftlichen Wachstums aufgebracht werden können. Walter Arend betonte dies 1972 in »Wege und Ziele der sozialen Sicherung«: »Wirtschaftswachstum ist eine unerläßliche Grundvoraussetzung der Sozialpolitik.«

Was aber, wenn der Wachstumsmotor aussetzt? Dann kommt der Sozialstaat unweigerlich in Schwierigkeiten. Die Zahl derjenigen, die staatliche Sozialleistungen beanspruchen, steigt mit der Dauer und dem Ausmaß der Arbeitslosigkeit. Gleichzeitig sinken die staatlichen Einnahmen. Die Finanzierung der Sozialpolitik ist dann nicht mehr ein konjunkturelles, sondern vielmehr ein strukturelles Problem. Bei fallenden Wachstumsraten kann die Sozialpolitik nur noch finanziert werden, wenn das System der sozialen Sicherung umgebaut wird.

Die Krise des Sozialstaats ist aber nicht allein eine Finanzierungskrise. Das wirtschaftliche Wachstum hat einerseits die Finanzierung einer kostspieligen Sozialpolitik ermöglicht, andererseits aber haben gerade die sozialen Folgen eines als Wachstum definierten Fortschritts dazu beigetragen, daß die Sozialpolitik so teuer wurde. Die Negativbilanz dieses Fortschritts ist inzwischen beträchtlich: Zerstörung der natürlichen und sozialen Umwelt des Menschen, Angst, Streß, Einsamkeit, organische und psychische Krankheiten. Die Sozialpolitik hat die Aufgabe, dieser Entwicklung entgegenzuwirken. Nach dem Kahlschlag der Sozialleistungen durch die konservative Wenderegierung nimmt die Armut heute wieder zu. Die Schätzungen über die Anzahl der Menschen, die in der Bundesrepublik am Rande des Existenzminimums leben, variieren von einer bis 15 Millionen. Diese Armut liegt sogar in der Logik unseres Systems der sozialen Sicherheit. Damit der Arbeitslose nicht den Anreiz verliert, sich um eine neue Stellung zu bemühen, wird die Arbeitslosenunterstützung nur für eine gewisse Zeit gewährt. Wer lange arbeitslos bleibt, bekommt weniger. Doch seine Not ist gerade die größte.

So schafft das System der sozialen Sicherung aus sich heraus neue Probleme. Zum Finanzierungsproblem gesellt sich das Problem der mangelnden Effizienz: Der Aufwand an geldlichen Mitteln steht in keinem Verhältnis zum Erfolg. Am deutlichsten läßt sich diese Ineffizienz auf dem Gebiet der gesundheitlichen Versorgung feststellen. Zwar erleben wir auf dem medizinischen Sektor eine Kostenexplosion nach der anderen; doch scheint sich der Gesundheitszustand der Bevölkerung nicht wesentlich zu verbessern. Für bestimmte Bevölkerungsgruppen ist die Lebenserwartung gar schon rückläufig. Die negativen Folgen des »wachsenden« Fortschritts fressen auch hier seine positiven Ergebnisse auf.

Eine effizientere Planung der sozialen Sicherung täte not. Sie wird aber allein schon dadurch erschwert, daß die entscheidenden Daten nicht von den planenden staatlichen Instanzen selber gesetzt werden, sondern von der privaten Wirtschaft und den Kräften des (Arbeits-)Markts.

Wenn stimmt, was Walter Arend sagte, daß nämlich Wirtschaftswachstum eine unerläßliche Grundvoraussetzung der Sozialpolitik sei, dann müßte eine länger anhaltende Störung des wirtschaftlichen Wachstumsprozesses unweigerlich den Abbau von Sozialleistungen zur Folge haben – es sei denn, man würde das System der sozialen Sicherung dergestalt umbauen, daß es auch bei fallenden Wachstumsraten funktionierte. Es wäre doch absurd, wenn der Fortschritt dahin führte, daß die Sozialpolitik hinter einen bereits erreichten Standard zurückfiele. Wer die Leistungsfähigkeit des heutigen Systems der sozialen Sicherung erhalten will, dessen Losung muß lauten: Umbau statt Abbau.

Der betreute und verwaltete Mensch

Die derzeit in Bonn praktizierte Politik der »geistig-moralischen Erneuerung« ist gekennzeichnet von der Entschlossenheit, mit der die gesamtgesellschaftliche Solidarität abgebaut wird. Sogar das Subsidiaritätsprinzip muß den Konservativen als Alibi herhalten für die von ihnen gewünschte »Eigenbeteiligung«. Mehr und mehr setzen sich im konservativen Lager diejenigen durch, die der Krise des Sozialstaats mit ordnungspolitischen Maßnahmen begegnen wollen – durch Privatisierung, Entpolitisierung und Vermarktung der Sozialleistungen. Zur Rechtfertigung solch reaktionärer Maßnahmen dient ihnen ein Ideengebäude, das progressiv erscheint, wenn man nicht hinter die Fassade schaut.

In seinem Buch »Lebendige Arbeit, enteignete Zeit« hat Oskar Negt dieses Ideengebäude beschrieben: Sozialstaatsgeschenke und Reformen hätten die Begehrlichkeit und das Anspruchsverhalten der Massen angeheizt. Durch das Netz der sozialen Sicherheit sei der vorher zur Mündigkeit fähige und bereite Mensch entmündigt worden. Der Sozialstaat sei der goldene Käfig, in den man den Entmündigten gesperrt habe. Sozialstaatliche Bürokratien zerstörten das Verantwortungsbewußtsein, die Entscheidungsfreiheit und die Leistungsbereitschaft des einzelnen. Der autonome, für sich selber sorgende und leistungsfähige Bürger sei zu einem betreuten und verwalteten Menschen geworden. Schuld an diesem Elend seien die Gewerkschaften und die politischen Parteien, die aus Opportunismus Wahlgeschenke gemacht hätten. Eine Mitschuld trügen die Gewerkschaften auch daran, daß sich am Rand der Gesellschaft eine neue Armut herausgebildet habe. Die Wirtschaftsverbände hätten sich auf dem Rücken dieser Randgruppen zu ihrem jeweiligen Vorteil geeinigt, meint Heiner Geißler.

Eine solche Argumentation ist nicht völlig falsch, was ihr einen Schein von Progressivität verleiht. In der Tat ist ja heute das Unbehagen an der Anonymität großgesellschaftlicher und staatlicher Einrichtungen weit verbreitet. Die Abstraktheit und Anonymität des Systems der staatlichen Sozialleistungen sind kaum geeignet, lebendige Solidarität zu vermitteln. Der Zugriff des Staates auf die Löhne und Gehälter wird vom einzelnen als unangemessen empfunden, weil die geldliche Beitragspflicht zu großgesellschaftlichen Solidareinrichtungen nicht mehr mit dem unmittelbar erlebten Gefühl verbunden ist, dadurch einem Mitmenschen geholfen zu haben.

Obwohl der Sozialstaat den Rechtsanspruch des Menschen auf soziale Sicherheit garantiert, wird doch vielfach die Gewährung sozialer Hilfen durch die öffentliche Hand als eine Art Demütigung empfunden. Man spricht von »verschämter Armut«, wenn manch einer aus diesem Grund auf die ihm zustehende Hilfe verzichtet. In dem Maße, wie das System der sozialen Sicherung auf großgesellschaftlichen und zentralstaatlichen Institutionen fußt, wird der hilfsbedürftige Mensch zum entpersönlichten Gegenstand einer bürokratischen Verwaltung. Er wird zum »Sozialfall«, zum Gegenstand der Verplanung und Betreuung. Er wird in die passive Rolle eines Konsumenten von Dienstleistungen gedrängt.

Besonders spürbar ist diese Passivierung auf dem Gebiet der gesundheitlichen Versorgung. Die moderne Medizin artet mehr und mehr zu einem großtechnischen Gesundheitsbetrieb aus, in dem selbst der Arzt hinter jenen komplizierten Apparaturen verschwindet, denen er seine Patienten ausliefert. In unserem System der sozialen Sicherung wird der Spielraum für eine selbstbestimmte und selbstorganisierte Tätigkeit des Menschen enger. Das Vertrauen in den Sozialstaat ist erschüttert. Wie sehr auch immer sich die einzelnen

Argumente der »rechten« und der »linken« Kritik am derzeitigen Wohlfahrtsstaat im Kern berühren, sie zielen in eine völlig andere Richtung; in welche, läßt sich am besten an den jeweiligen Vorschlägen zur Lösung der Sozialstaatskrise veranschaulichen.

Die konservative Lösung, die auf den Abbau der Sozialleistungen zielt, geht einseitig zu Lasten der Bedürftigen. Sie ist auch durch rückwärtsgewandte Utopien nicht zu rechtfertigen. Erst der Sozialstaat hat der Masse der arbeitenden Bevölkerung jene materielle Sicherheit beschert, die für eine menschenwürdige Existenz Voraussetzung ist. Nur unter dieser Voraussetzung aber haben Begriffe wie »Eigenverantwortlichkeit« und »staatsbürgerliche Mündigkeit« einen Sinn. Die ordnungspolitischen Maßnahmen, die den Konservativen zur Behebung der mangelnden Effizienz und der Finanzierungsschwierigkeiten des sozialen Sicherungssystems vorschweben, sind weit eher dazu angetan, die gesellschaftliche Verantwortlichkeit der Menschen zu zerstören, als zu fördern. Eigenverantwortung, die nicht sozialer Verantwortung entspringt, ist schlicht Egoismus. Wie soll denn soziale Verantwortlichkeit entstehen, wenn die Sozialleistungen der privaten Gewinnsucht ausgeliefert werden? Es mag schon sein, daß Privatisierung die Effizienz erhöht. Doch wenn letzten Endes unter dem Deckmantel der Eigenverantwortung die Gesellschaft wieder egoistischer wird, können wir gerne auf Effizienz verzichten.

Die Kritik der Linken am Wohlfahrtsstaat beklagt den Mangel an Menschlichkeit. Demgemäß zielen ihre Lösungsvorschläge darauf ab, das bürokratische System der sozialen Sicherung zu »vermenschlichen«, die verlorene soziokulturelle Dimension wieder herzustellen. Trotz materieller Absicherung bleibt der Mensch verunsichert, weil ihm der moderne Sozialstaat nicht die gesellschaftliche Geborgenheit bietet, die in der traditionellen Kultur vorhanden war. Gemeinschaftliche Formen der sozialen Sicherung müssen gefunden werden, die den Hilfsbedürftigen in ein Geflecht vielfältiger sozialer Beziehungen einbetten. Das Problem vieler alter Menschen ist nicht so sehr materielle Bedürftigkeit, viel mehr leiden sie unter gesellschaftlicher Vereinsamung. Das deprimierende Gefühl, nutzlos geworden zu sein, Altersdepressionen, psychosomatische Erkrankungen und gesteigerte Hilfsbedürftigkeit lassen sich mit Geldzuwendungen nicht lindern.

Hilfe zur Selbsthilfe

Die Passivierung des Menschen, die durch das bürokratische Sozialhilfesystem gefördert wird, soll ja gerade nicht Ergebnis der Sozialhilfe sein, denn sie verfestigt jenen Zustand, der durch die gewährte Hilfe überwunden werden sollte. Um diesen Effekt zu vermeiden, ist es unabdingbar, nach Formen der sozialen Unterstützung zu suchen, die den Empfänger aktiv an der Gestaltung der gewährten Hilfe beteiligen. Jeder Psychotherapeut weiß, daß eine Therapie nur dann Erfolg haben kann, wenn der Patient mitarbeitet. Ähnlich könnte auch die Effizienz des Systems der sozialen Sicherung durch die Beteiligung der Betroffenen gesteigert werden. »Hilfe zur Selbsthilfe« nennt man diese Art der Sozialpolitik.

Dadurch, daß staatliche und großgesellschaftliche Institutionen die soziale Sicherheit monopolisieren, wird das in der Gesellschaft zweifellos vorhandene, große Potential an sozialem Engagement gelähmt. Aus diesem Grund wäre es wichtig, die sozialen Leistungen zu dezentralisieren, zu entbürokratisieren und zu demokratisieren. Wenn nichtprofessionelle Individuen oder Gruppen, wie Nachbarn und Familie, mit staatlicher Unterstützung stärker als bisher in das System der sozialen Sicherung integriert würden, könnte dieses System nicht nur menschlicher, sondern auch effizienter und billiger werden. Dem Ehrenamt sollte wieder mehr Gewicht beigemessen werden.

Nun ist es einleuchtend, daß eine unbürokratische Hilfe zur Selbsthilfe nur Erfolg haben kann, wenn dafür die strukturellen Voraussetzungen gegeben sind. In einem städtischen Wohnsilo wird es kaum zu der Nachbarschaftshilfe kommen, die in einer dörflich-ländlichen Umgebung noch anzutreffen ist. So gesehen sind auch die Stadt- und Verkehrsplaner aufgefordert, die Voraussetzungen für eine andere Sozialpolitik zu schaffen. Wäre die nachbarliche oder familiäre Umgebung intakt, dann käme es gar nicht erst zu manchen gesellschaftlichen Schäden. Vorbeugen ist allemal besser als heilen. Vor allem auf dem medizinischen Sektor könnte die Befolgung dieser Maxime zu einer erheblichen Reduzierung der Kosten führen – ganz zu schweigen von der Verbesserung des allgemeinen Gesundheitszustands der Bevölkerung.

Soziale Reintegration und Rehabilitierung von Kranken, die Humanisierung der Arbeit, des Wohnungsbaus und der Stadtplanung, der Ausbau der Mitbestimmung sowie eine Angleichung der Primäreinkommen sind Elemente einer vorbeugenden Sozialpolitik, die Not und Krankheit an ihrer gesellschaftlichen Wurzel bekämpft. Alle Mittel, die geeignet sind, die Finanzierungskrise des Sozialstaats zu beheben, müssen ausgeschöpft werden. Dazu gehören: Umverteilungen innerhalb des Staatshaushalts, wobei vor allem das Verteidigungsbudget zugunsten des Sozialetats beschnitten werden könnte; eine gerechtere Besteuerung der hohen Einkommen und der Abbau von Abschreibungsprivilegien; die Vermeidung organisatorischer Mehrgleisigkeit und Kompetenzstreitigkeiten; die Angemessenheit von Hilfe und Bedürftigkeit und die Verhinderung ungerechtfertigter Inanspruchnahme von Sozialleistungen.

In seinem Buch »Grenzen des Sozialstaates« empfiehlt Johano Strasser, grundsätzlich von einer kausalen zu einer finalen Ausrichtung der Sozialleistungen überzugehen. Da es das Ziel der Sozialpolitik sein muß, die strukturellen gesellschaftlichen Ursachen der Hilfsbedürftigkeit zu bekämpfen, sollten Umfang und Art der Sozialleistungen nicht ausschließlich nach den Ursachen der Hilfsbedürftigkeit bemessen werden, sondern auch das Ziel haben, die Not zu beheben.

Es steht außer Frage, daß die Umorientierung von einer nachfolgenden auf eine vorbeugende Sozialpolitik auf längere Sicht nicht nur menschliches Leid mindern, sondern auch Geld sparen würde. Doch zunächst verursacht sie erhebliche Kosten. Jedenfalls sollte die notwendige gesellschaftliche Arbeit auf möglichst alle verteilt und die untere Grenze der Primäreinkommen angehoben werden.

In den von Erhard Eppler herausgegebenen Texten der Grundwertekommission der SPD heißt es: »Nicht selten besteht das reale Monatseinkommen einer vierköpfigen Facharbeiterfamilie zu mehr als einem Drittel aus Sozialleistungen. Diese können nur durch eine andere Verteilung der Primäreinkommen verringert werden ... Eine vorbeugende Sozialpolitik soll verhindern, daß der Bürger zum verwalteten Objekt der Sozialbürokratie wird. Das ist nur möglich durch Verbesserung der Primäreinkommen.«

Neuerdings ist eine Diskussion darüber in Gang gekommen, ob es nicht sinnvoller wäre, das Einkommen der Nichtbeschäftigten nach Höhe und Anspruch vom Einkommen der Beschäftigten abzukoppeln durch ein staatlich garantiertes, aus dem Steuertopf zu zahlendes Mindesteinkommen für alle Bürger. Die Forderung nach einem garantierten Mindesteinkommen steht und fällt mit der Annahme, daß es zukünftig unmöglich sein wird, für jeden Arbeitswilligen einen Arbeitsplatz zu schaffen. Wer diese Einschätzung nicht teilt, braucht über die Machbarkeit und Modalitäten eines garantierten Mindesteinkommens nicht zu diskutieren. Das wird nichts an der Tatsache ändern, daß diese Diskussion geführt werden muß, da der Arbeitsgesellschaft die Arbeit ausgeht.

Ist das sozialdemokratische Modell am Ende?

Fassen wir zusammen. Die derzeitige Krise des Sozialstaats ist bedingt durch die Wachstumskrise und kann nur durch eine strukturelle Reform der Gesellschaft behoben werden.

Für die »großen Netze« der sozialen Sicherung, die historische Errungenschaft der Arbeiterbewegung, gibt es keinen Ersatz. Die gesamtwirtschaftliche Solidarität darf nicht abgebaut werden. Die Einrichtungen der staatlichen Sozialpolitik müssen durch die Beteiligung der Bürger demokratisiert werden, damit sie die Selbstverantwortung und Selbstbestimmung der Hilfsbedürftigen zulassen. Durch die ergänzende Einrichtung von »kleinen Netzen« der organisierten Selbsthilfe kann die soziale Sicherung entbürokratisiert und vermenschlicht werden.

Einen fortschrittlichen Sinn als gesellschaftliche Selbstorganisation von öffentlicher Hilfe erhält das Prinzip der Subsidiarität freilich nur in einem dualen System der Kombination von großen und kleinen Netzen der sozialen Sicherung. Die Befürwortung eines dualen Systems der sozialen Sicherung muß sich allerdings sowohl in einer politischen Programmatik als auch in staatlichem Handeln niederschlagen. Die kleinen Netze müssen institutionell anerkannt, staatlich gefördert und zum Schutz des Schwächeren vor dem Privilegierten kontrolliert werden. Subsidiarität bekommt einen richtigen Sinn, wenn der Staat die Möglichkeit für selbstverantwortete Problemlösungen schafft, ohne indes in einen neuen gesetzgeberischen Vorschriftenbürokratismus zu verfallen.

In der Ära der sozialliberalen Koalition hat die SPD eine Anzahl von Reformgesetzen durchgesetzt, die für die große Mehrheit der Bevölkerung erhebliche Verbesserungen mit sich gebracht haben. Unausgesprochene Voraussetzung aller sozialdemokratischen Reformvorschläge war aber ein reales Wachstum des Bruttosozialprodukts. Der bekannte Entwurf des politisch-ökonomischen Orientierungsrahmens aus dem Jahr 1972 sah eine reale Steigerung des Bruttosozialprodukts von fünf Prozent vor. Mit diesem Zuwachs der Wirtschaftstätigkeit sollten die sozialen Leistungen finanziert werden. In dem Maße, in dem sich das Wachstum nicht mehr einstellte, geriet die Politik der SPD in Schwierigkeiten.

Die SPD, so heißt es, hat kein wirtschaftspolitisches Konzept. Sofern damit gemeint ist, daß die SPD keinen Weg weiß, die alten Wachstumsraten wieder herzustellen, ist dieser Vorwurf richtig. Interessanterweise wird er aber gerade von denen erhoben, die jetzt an der Regierung sind und die noch viel weniger eine Antwort darauf wissen, wie die Wachstumsraten wieder herzustellen sind, falls das überhaupt wünschenswert ist. Sie unterscheiden sich ja von der sozialdemokratischen Reformpolitik gerade dadurch, daß sie den noch vorhandenen Zuwachs des Bruttosozialprodukts anders verteilen und daß sie die strukturellen Reformen, die dem einzelnen eine größere Möglichkeit geben, sich am gesellschaftlichen Leben zu beteiligen, nicht unterstützen. Vielmehr versuchen sie, die unbestreitbaren Erfolge des sozialdemokratischen Modells wieder zurückzudrehen, indem sie Einkommen zugunsten der ohnehin bessergestellten Schichten der Bevölkerung verteilen und soziale und demokratische Rechte abbauen. Ein Beispiel ist der Abbau der Arbeitsschutzvorschriften.

Wenn wirtschaftlicher Zuwachs nicht mehr verteilt werden kann und er in der bisherigen Form auch nicht mehr wünschenswert ist, dann muß sozialdemokratische Reformpolitik dort anknüpfen, wo bisher schon Erfolge erzielt wurden, ohne daß wirtschaftliches Wachstum die Voraussetzung war. Dies sind strukturelle Reformen wie Mitbestimmung, die Reform der Gesundheits- und Agrarpolitik, und dies sind Maßnahmen in der Steuer, Vermögens- und Einkommenspolitik, die zu einer Korrektur der sozialen Ungerechtigkeit führen. Dabei muß die deutsche Sozialdemokratie mit Zähnen und Klauen das verteidigen, was ihre historische Errungenschaft ist: den Sozialstaat.

»Vorwärts zur Natur«

Das Plädoyer für eine ökologische Ausrichtung der Produktion muß bei dem wichtigsten materiellen Produktionsmittel ansetzen: dem Boden. E. F. Schumacher meint in »Die Rückkehr zum menschlichen Maß«, daß man recht zuverlässige Schlüsse über die wahrscheinliche Zukunft der Gesellschaft erlangt, wenn man untersucht, wie sie mit ihrem Grund und Boden verfährt. In früheren Jahrhunderten hat die Menschheit große Teile des Bodens geplündert. Aufeinanderfolgende und fortschreitende Kulturen entstanden an jeweils anderen Orten. Der Boden darf nicht mehr länger lediglich als Produktionsfaktor betrachtet werden. Menschliches Leben ist ohne Industrie möglich, ohne Landwirtschaft aber nicht.

Die evangelische Kirche hat durch ihre vielbeachteten Denkschriften schon manches Mal in wichtigen Fragen die politische Diskussion bereichert und ein Umdenken gefördert. In einer solchen Denkschrift wies sie 1984 auf die ökologischen und sozialen Folgen einer Landwirtschaft hin, die aufgrund ihrer Industrie- und Chemieabhängigkeit immer mehr in Wachstumszwang gerate. Es würden Überschüsse produziert, die wir alle teuer bezahlen müßten. Hierzu würden Futtermittel aus der Dritten Welt importiert, die dort benötigte Anbauflächen wegnähmen. Das ökologische Gleichgewicht und die Fruchtbarkeit der Böden sei ebenso gefährdet wie die Existenz vieler kleiner und mittlerer landwirtschaftlicher Betriebe. Für die Landwirtschaft ist eine Zeit des Umdenkens gekommen: nicht gegen die Natur, sondern vorwärts zu ihr heißt die Devise.

Als der Gemeinsame Markt in Europa begründet wurde, war die Nahrungsmittelversorgung in den Mitgliedsländern erst zu 65 Prozent gesichert.Im Verlauf der sechziger Jahre wurde sie annähernd erreicht. Produktionsförderung in der Landwirtschaft war deshalb lange Zeit im Prinzip richtig. Damals aber begannen sich die Agrarökonomen schon darüber Gedanken zu machen, daß trotz steigender Kaufkraft in der Bevölkerung die Nachfrage nach Agrarprodukten kaum noch zunahm, die zusätzliche Kaufkraft vielmehr anderen Konsumgüterbereichen zugute kam.

Da die Landwirte andererseits zu Recht forderten, in gleichem Umfang wie andere Bevölkerungsschichten am allgemeinen Einkommenszuwachs beteiligt zu werden, standen Politiker und Ökonomen vor einem Problem. Sie versuchten es gemäß den herrschenden Denkschablonen zu lösen: Einkommenszuwachs war nur denkbar, wenn die Landwirte mehr und kostengünstiger produzierten. Um ihnen die garantierten Preise zu sichern, werden im EG-Agrarsystem die sich anhäufenden Überschüsse aufgekauft, zunächst gelagert, später zu niedrigeren Preisen verkauft, oder sie werden vernichtet. Für eine kostengünstigere Produktion riet man den Landwirten zu Mechanisierung und Rationalisierung. Durch den hohen Kapitalaufwand und die wachsende Zinsbelastung waren sie in der Folgezeit gezwungen, noch mehr zu produzieren, wodurch die Überschüsse weiter anwuchsen.

Auf ihre Kosten kamen bei dieser Agrarpolitik nur die landwirtschaftlichen Unternehmen, die in der Lage waren, große Umsätze zu tätigen, also die Großbetriebe. Den kleinen Landwirten dagegen war auch dann nicht geholfen, wenn sie sich in ihren mechanisierten Betrieben bis zur Erschöpfung abarbeiteten. Zwar konnten auch hier die Umsätze gesteigert werden, da aber die Preise für Maschinen, Saatgut, Düngemittel und Kreditzinsen entschieden stärker stiegen als die landwirtschaftlichen Erzeugerpreise, sind die kleinen Landwirte im Ergebnis ärmer geworden. Viele leben von der Substanz, eine große Anzahl mußte aufgeben oder konnte die Landwirtschaft nur noch als Nebenerwerb betreiben.

Heute distanzieren sich Politiker und Agrarökonomen von dem angerichteten Desaster. Selbst der amtierende Landwirtschaftsminister schimpft im Bundestag über die herrschende »Wachstumsideologie«, die man den Bauern zugemutet habe. Dabei ist die jetzt allgemein beklagte Misere genau das Ergebnis jener Logik, die in den vergangenen zwanzig Jahren Agrarpolitik und Wirtschaft beherrschte. Die Produktionsförderung zwang die Landwirte, wenn sie sich behaupten wollten, zu industrieähnlichen Produktionsverfahren mit übermäßigem Einsatz chemischer Hilfsmittel, um die Produktion zu steigern. Von dem Fördersystem profitierten zwangsläufig die großen Betriebe weitaus mehr als die kleinen und mittleren Landwirte. Diesen wurde nahegelegt, Investitionen zu tätigen, um ebenfalls mehr und kostengünstiger zu produzieren oder infolge des »notwendigen Strukturwandels« aus dem landwirtschaftlichen Produktionsprozeß auszuscheiden.

In der Bundesrepublik sank seit 1950 die Zahl der landwirtschaftlichen Betriebe um 55 Prozent auf 744 000. Die Zahl der in der Landwirtschaft tätigen Menschen reduzierte sich von fünf auf 1,4 Millionen. Sicherlich kann man diese Zahl nicht nur negativ als Ausdruck des Verdrängungswettbewerbs werten. Die früheren Landarbeiter, die ganz am Anfang dieses Verdrängungsprozesses aus der Landwirtschaft ausgeschieden sind und in außerlandwirtschaftlichen Betrieben Beschäftigung fanden, werden in der Regel diesen Schritt nicht bedauert haben. Dies gilt auch für viele Landwirte, die später in andere Wirtschaftszweige übergewechselt sind.

Landwirte als Landschaftspfleger

Es bleibt aber die Tatsache, daß ein harter Verdrängungswettbewerb stattgefunden hat und immer noch stattfindet. Die Agrarökonomen erklärten diesen Vorgang der Vernichtung vieler Existenzen lange Zeit damit, daß es eben noch immer zu viele landwirtschaftliche Arbeitskräfte und zu viele landwirtschaftliche Betriebe gebe. Der Anpassungsprozeß müsse möglichst beschleunigt fortgesetzt werden. Die technischen Möglichkeiten seien der strukturellen Anpassung beträchtlich vorausgeeilt.

Das Konzept des »notwendigen Strukturwandels« beziehungsweise der »beschleunigten Anpassung« beruhte auf der Überlegung, daß die Landwirtschaft ein stagnierender Wirtschaftssektor sei. Möglichst viele Menschen sollten deshalb in die noch expandierenden industriellen Bereiche überwechseln. Als die Arbeitslosigkeit im Industriesektor anstieg, war dieser Weg kaum noch gangbar. Der Strukturwandel stockte. Das Scheitern der herrschenden Agrarpolitik war damit besiegelt. Das Ergebnis dieser Politik ist für die betroffenen Landwirte soziale Not. Für 1984 gibt die Bundesregierung den Einkommensrückgang der Landwirte mit 20 Prozent an.

Auf eine Bundestagsanfrage nach den Zielen ihrer Landwirtschaftspolitik antwortete die Bundesregierung mit Schreiben vom 26. 9. 1984 wie folgt: »Der bäuerliche Familienbetrieb steht im Mittelpunkt der agrar- und ernährungspolitischen Bemühungen der Bundesregierung. Er erfüllt eine Reihe wichtiger Aufgaben für unsere Bevölkerung. Dazu gehören insbesondere die Sicherung unserer Ernährung zu angemessenen Preisen auch in Krisenzeiten, die Pflege der gewachsenen Kulturlandschaft, die Sicherung des Erholungs- und Erlebniswertes der Landschaft. Außerdem trägt unsere bäuerlich strukturierte Landwirtschaft zu breiter Eigentumsstreuung sowie zur Sicherung von Arbeitsplätzen und Verdienstmöglichkeiten, gerade auch in benachteiligten Gebieten, bei.«

So oder ähnlich hat auch jede vorangegangene Bundesregierung auf Anfragen geantwortet. Ungeachtet dieser Programmsätze ist in der Wirklichkeit das Gegenteil eingetreten. Die landwirtschaftlichen Arbeitsplätze wurden nicht gesichert, Hunderttausende wurden vielmehr vernichtet, weitere sind in Gefahr verlorenzugehen. Die Sicherstellung unserer Ernährung, auch in Krisenzeiten, ist zumindest zweifelhaft, durch den zunehmenden Einsatz von Fremdenergie und importierten Futtermitteln in der modernen Massentierhaltung ist sie eher gefährdet. Mit der zunehmenden Bodenverschlechterung bahnt sich nach Meinung von Wissenschaftlern eine weitere Katastrophe unseres Jahrhunderts an.

Wenn vor zwanzig Jahren jemand gesagt hätte, daß die Existenzberechtigung kleiner Landwirte nicht nur am Maßstab betriebswirtschaftlicher Produktivitätserwägungen zu messen sei und daß technischer Fortschritt und Rationalisierung unter ökonomischen, sozialen und ökologischen Gesichtspunkten auch nachteilig sein könne und deshalb der sozialen und ökologischen Gestaltung bedürfe, dann wäre er als Feind des technischen Fortschritts, als Gegner der Marktwirtschaft, als systemverändernder Agrartheoretiker oder als Phantast bezeichnet worden.

Heute ist das anders. Unter dem Eindruck des Scheiterns der bisherigen Agrarpolitik wird selbst von führenden Politikern der Union, wie Lothar Späth, bereits die Frage erörtert, ob es nicht besser sei, das bisherige Förderungssystem durch direkte Einkommensübertragungen an die Landwirte zu ersetzen. Zur Rechtfertigung wird hierbei darauf hingewiesen, daß die Landwirte in gewisser Weise auch landschaftspflegerisch tätig sind – oder zumindest sein könnten – und die Gesellschaft durchaus für diese gesellschaftlich nützliche Tätigkeit auch etwas zahlen könne. Dieser Gedanke ist richtig. Hätte man ihn schon vor 15 Jahren eingebracht, um die Existenz vieler kleiner Landwirte zu erhalten, er wäre in Bausch und Bogen verdammt und als grober Verstoß gegen den Grundsatz gewertet worden, daß über das Einkommen der Landwirte und damit letztlich über die bäuerliche Existenz der Markt zu befinden habe.

Daß die Landwirte als Landschaftspfleger eine gesellschaftlich nützliche Aufgabe erfüllen, ist nicht der Grund, sondern die nachgeschobene Rechtfertigung dafür, daß sie direkte staatliche Einkommenszahlungen erhalten sollen. Die landwirtschaftlichen Überschüsse können nicht mehr finanziert werden. Die Möglichkeit, die für überzählig gehaltenen Landwirte in andere Wirtschaftszweige abzudrängen, besteht nicht mehr. Würde der Vorschlag der direkten Einkommensübertragung realisiert, dann wäre das genaugenommen ein Bruch mit der herrschenden politischen Ökonomie. Es würde eine Einkommensform geschaffen, die weder über den Markt noch über ein Lohnverhältnis vermittelt würde. Sie wäre auch nicht den traditionellen Sozialleistungen zuzuordnen.

Vorausgesetzt, die Produktionssteigerung um jeden Preis

wäre nicht mehr das Ziel staatlicher Förderung, sondern eher der pflegerische Umgang mit der Natur, dann würde sich die Frage des Produktivitätsfortschritts, jedenfalls in diesem Bereich, anders als vorher darstellen. Parallelen zu anderen gesellschaftlichen Bereichen würden sich aufdrängen. Da die Kindererziehung sicherlich auch eine ebenso nützliche gesellschaftliche Aufgabe ist wie die Landschaftspflege, wäre die Forderung nach Erziehungsgeld für nichtberufstätige Mütter oder Väter nicht mehr abzuweisen. Ganz allgemein würden auch diese Überlegungen zur Folge haben müssen, ob es nicht sinnvoller wäre, jedem Bürger ein bestimmtes Grundeinkommen, das bereits erwähnte Mindesteinkommen, zu garantieren, statt unter hohen ökonomischen Kosten und unter Inkaufnahme ökologischer Schäden Arbeitsplätze zu schaffen oder zu erhalten, die vom gesellschaftlichen Bedarf her nicht benötigt werden. Es ist offenkundig, daß sich auch aus den Reformvorschlägen für die Landwirtschaft Folgerungen für die Gesellschaftspolitik überhaupt ergeben.

Für eine neue Landwirtschaftspolitik

Die gescheiterte Agrarpolitik geht auf das Konto all derer, die in den vergangenen Jahren politische Verantwortung getragen haben. Es ist nicht aufrichtig, wenn die zur Zeit in Bonn regierenden Parteien in diesem Zusammenhang von »Erblast« reden. Sie haben nicht nur bis 1969 die herrschende Agrarpolitik konzipiert und gestaltet, sie haben auch danach keine grundlegenden Alternativen angeboten. Natürlich waren sie für die Erhaltung des bäuerlichen Bevölkerungsanteils, um so mehr, als sie hier ein traditionelles Wählerreservoir sahen. Sie waren allerdings nicht bereit oder in der Lage, sich zur Unterstützung existenzbedrohter Landwirte gegen die Marktideologie zu stellen.

Die chemoindustrielle Rationalisierung und die Produktivitätssteigerung, die unter gesamtgesellschaftlichen, sozialen und ökologischen Gesichtspunkten fragwürdig war, wurde weder von der Regierung noch von der Opposition problematisiert. Im übrigen herrschte ein zumindest stillschweigendes Einverständnis mit den die Agrarpolitik weitgehend bestimmenden Großagrariern, die genau wußten, daß aufgrund der erreichten Marktsättigung höhere Gewinne langfristig nur dadurch zu sichern seien, wenn der zur Verfügung stehende Kuchen auf weniger Köpfe verteilt würde. In der Praxis setzten sich deshalb, trotz des oben geschilderten Interesses am bäuerlichen Bevölkerungsanteil, die Marktgesetze, sprich die mächtigeren Interessen, durch.

Auch die SPD hat diese Agrarpolitik mitgetragen. Sie hat sie mehr oder weniger toleriert. Die politische Verantwortung für das Agrarressort hat sie, von den Interimstagen des Björn Engholm abgesehen bis zum Ende der Ära des Bundeskanzlers Schmidt, allerdings nie innegehabt. Sozialdemokratische Akzente setzte die SPD während ihrer Regierungszeit in der Agrarsozialpolitik, etwa in der landwirtschaftlichen Alterssicherung.

Grundsätzlich müsse sich die Landwirtschaft, so bereits das Godesberger Programm der SPD, den strukturellen Veränderungen der Gesamtwirtschaft anpassen, um ihren vollen Beitrag zur Entwicklung der Gesamtwirtschaft leisten und den in ihr tätigen Menschen einen angemessenen Lebensstandard sichern zu können. Es sei eine öffentliche Aufgabe, die Modernisierung der Landwirtschaft und ihre Leistungsfähigkeit zu fördern.

Beteiligung der Landwirte am allgemeinen Wirtschaftswachstum, Modernisierung, sozial erträglich gestalteter Strukturwandel, das waren die Grundlagen dieser Politik. Eine eigene politische Ökonomie der Agrarwirtschaft war hierzu nicht erforderlich. Es war auch völlig undenkbar, daß sich wie bei der Vorkriegs-SPD einzelne Parteitage ausschließlich mit der Agrarfrage beschäftigten. Daß die bisherige Agrarpolitik in eine Sackgasse geraten ist, bedeutet nicht, daß sie von Anfang bis Ende falsch war. Technischer Fortschritt hatte gerade auch auf dem Land Entwicklungschancen eröffnet, von denen frühere Generationen nur träumen konnten.

Erst in jüngster Zeit haben in Nordrhein-Westfalen und Hessen die Landwirtschaftsminister Klaus Matthiesen und Willi Görlach damit begonnen, eine ökologisch orientierte Landwirtschaftpolitik zu betreiben.

Der andere Fortschritt in der Landwirtschaft liegt deshalb auch nicht in einem Zurück zu mühsamer Handarbeit mit dennoch unzureichend bleibender Nahrungsmittelproduktion. Schwerpunkt zukünftiger Politik muß sein, Bedingungen zu schaffen, unter denen Landwirtschaft umweltfreundlich und umweltverträglich betrieben werden kann. Eine grundlegende Agrarreform muß den ökonomischen Zwang zur Überproduktion beseitigen. Die weitere Zentralisierung, Rationalisierung und Übermechanisierung in der landwirtschaftlichen Produktion muß gestoppt werden, da hiervon besondere Bodenbelastungen ausgehen. Die Verdrängung klein- und mittelbäuerlicher Betriebe ist in Zukunft nicht mehr als notwendiger Strukturwandel hinzunehmen oder gar zu fördern. Der Verdrängung dieser Betriebe ist vielmehr entgegenzuwirken, um möglichst viele landwirtschaftliche Arbeitsplätze zu erhalten. Umwelt- und ressourcenschonende Landbaumethoden, integrierter Pflanzenbau und ökologischer Landbau sind zu fördern. Industrielle Methoden und Einfuhr von Futtermitteln haben eine weitgehend flächenunabhängige Produktion ermöglicht; diese Entwicklung verstärkt die Überschußprobleme unserer Landwirtschaft, gefährdet die Versorgungssicherheit und ist schließlich mit verantwortlich für die Ernährungskrise in der Dritten Welt.

Der »Reichtum« der überentwickelten Konsumgesellschaft des Westens verdankt sich, soweit er nicht, wie für den Großteil der Bevölkerung, bloße Chimäre ist, einem Rausch der Plünderung und des Raubes, der in der Geschichte ohne Beispiel ist und dessen Opfer einerseits die Völker der Dritten Welt und andererseits die Menschen der Zukunft sind.

Hans Magnus Enzensberger

Das Scheitern des Fortschrittsmodells in der Dritten Welt

45 Millionen Tote forderte der letzte Weltkrieg; 45 Millionen Menschen sterben derzeit Jahr für Jahr an den Folgen der Hungerkatastrophen, die weite Teile der Dritten Welt heimsuchen. Nach den Feststellungen internationaler Organisationen leiden auf der Welt ca. 500 Millionen Menschen Hunger, sind mehr als eine Milliarde Menschen ständig unterernährt, und dieser Zustand wird sich allen Prognosen zufolge in den nächsten Jahren noch verschlimmern.

Dabei herrschte lange Zeit der Glaube, diese »Geißel der Menschheit« durch Fortschritte in der Landwirtschaft bald überwunden zu haben. Der frühere amerikanische Außenminister Henry Kissinger sagte einmal: »Zum erstenmal haben wir diese technischen Mittel, die Menschheit vom Hunger zu befreien. In zehn Jahren wird kein Kind mehr hungrig einschlafen.« Das wäre in der Tat ein »Fortschreiten zur Menschheit« hin gewesen.

Als die zehn Jahre vergangen waren, stellte die Nord-Süd-Kommission fest, daß alle zwei Sekunden ein Kind an Hunger oder vermeidbarer Krankheit stirbt. Ursache des Hungers ist nicht eine weltweite Nahrungsmittelknappheit. Die Produktion von Nahrungsmitteln ist gegenwärtig höher, als die Weltbevölkerung für ihre tägliche Ernährung benötigt. Die Reserven für eine höhere Nahrungsmittelproduktion sind so groß, daß gut die dreifache Zahl der Bewohner der Erde ernährt werden könnte. Nur fünf Prozent der in den Industrieländern ans Vieh verfütterten Getreidemengen würden genügen, das Überlebensminimum der hungernden Menschen zu sichern. Das Geld zur Beseitigung des Hungers wäre schon vorhanden, wenn die jährlichen Rüstungsausgaben auf dem derzeitigen hohen Stand eingefroren würden.

Die Ursachen der Welternäherungskrise sind gescheiterte Entwicklungsmodelle, ungerechte und zerstörte Sozialstrukturen. Drei Beispiele mögen dies erhellen: Die Länder der Sahelzone in Afrika konnten im vergangenen Jahrzehnt ihre landwirtschaftlichen Exporte kontinuierlich steigern. Dürrekatastrophen haben zwar die einheimische Nahrungsmittelversorgung schwer getroffen, nicht aber das Wachstum der Agrarexporte. In Lateinamerika galt Brasilien lange Zeit als entwicklungspolitisches Modell, weil es jährliche Raten des Wirtschaftswachstums bis zu elf Prozent aufwies. Inzwischen plündern Hungernde dort die Lebensmittelgeschäfte. Die Vereinigten Staaten sind das reichste Land der Erde. Dennoch erreichen uns von dort Berichte der Kirchen, daß Millionen Menschen unterhalb der Armutsgrenze leben und an Hunger und Unterernährung leiden.

Veränderungen im Weltagrarhandel

In der Regel gilt: Nicht Nahrungsmittelmangel, sondern falsch verteilte Einkommen sind die Ursache von Hunger und Unterernährung. Ein besonderer Grund für die gegenwärtige Welternährungskrise ist in den Veränderungen zu suchen, die sich im letzten Jahrzehnt im Weltagrarhandel vollzogen haben. Der Anteil der Agrarprodukte am Welthandel wuchs gerade in dem Zeitraum überdurchschnittlich, in dem die anderen Bereiche rezessionsbedingt zurückblieben. Die landwirtschaftlichen Exporte der Dritten Welt sind in den vergangenen zehn Jahren bedeutend stärker angestiegen als die Nahrungsmittelproduktion in diesen Ländern. Ein wachsender Teil der Agrarproduktion wurde also auf den Export hin orientiert, zum Nachteil der Nahrungsmittelproduktion für die eigene Bevölkerung.

Das gilt für Afrika, das im vergangenen Jahrzehnt einen

starken Rückgang der Nahrungsmittelproduktion zur örtlichen Versorgung bei gleichzeitigem Anstieg der Futtermittelproduktion für den Export zu verzeichnen hat. Dies trifft auch auf Länder Lateinamerikas zu, wo beispielsweise in Brasilien der für den Export bestimmte Sojaanbau um das Zehnfache gesteigert wurde, während gleichzeitig der Nahrungsmittelanbau für die auf 130 Millionen angewachsene Bevölkerung um 13 Prozent sank. Schätzungen gehen dahin, daß inzwischen mehr als 25 Prozent der fruchtbaren Böden der Dritten Welt für die Bedürfnisse der Industrieländer in Beschlag genommen sind.

Hierbei ist anzumerken, daß die Futtermittelproduktion ein Maximum an Anbaufläche und ein Minimum an menschlicher Arbeitskraft benötigt. Ferner ist wichtig zu wissen, daß im Durchschnitt sieben Kalorien pflanzlicher Nahrung für die Erzeugung einer Kalorie tierischer Nahrung notwendig sind, eine vornehmlich auf tierische Produkte ausgerichtete Ernährung daher mehr Energie benötigt.

Die Länder der Dritten Welt suchten einen Ausgleich zu schaffen zwischen der Zunahme des Nahrungsmittelbedarfs und der Abnahme der für die Eigenversorgung bestimmten Nahrungsmittelproduktion, indem sie verstärkt Nahrungsmittel importierten. Während sie in den fünfziger Jahren insgesamt noch Netto-Getreideexporteure waren, belaufen sich ihre Getreideimporte inzwischen auf mehr als 100 Millionen Tonnen pro Jahr. Diese zunehmende Abhängigkeit von Nahrungsmittelimporten zehrt an den Devisen der ohnehin hoch verschuldeten Entwicklungsländer. Wenn ein Teil der mit hohen Opfern erzielten Exportgewinne für Nahrungsmittelimporte ausgegeben werden muß und ein anderer Teil für die Schuldentilgung, so sind selbst für eine bescheidene, den Entwicklungsländern gemäße technologische Entwicklung keine Mittel mehr vorhanden. Werden dann gar infolge von Auflagen des von den führenden westlichen Ländern beherrschten internationalen Währungsfonds Preisanhebungen für Güter des täglichen Bedarfs verfügt und Nahrungsmittelimporte gedrosselt, kommt es zu Hungerunruhen; wie in Tunesien, Marokko oder Brasilien.

Die Ernäherungskrise ist – von den Dürrekatastrophen abgesehen – gerade in den Ländern am größten, die sich im vergangenen Jahrzehnt am stärksten in den internationalen Weltmarkt und damit in die internationale Arbeitsteilung integrierten. Dies sind zum einen die Länder, die sich mit Hilfe westlicher Banken im letzten Jahrzehnt in riskante Industrialisierungsabenteuer eingelassen haben und heute hoch verschuldet sind, zum anderen jene, deren landwirtschaftliche Exporte einen hohen Anteil an ihren Exporteinnahmen ausmachen. Auf manche Länder, wie beispielsweise Brasilien, trifft beides zu.

Die Länder der Dritten Welt importieren Nahrungsmittel vornehmlich aus den Industrieländern. Dies hat mit dazu beigetragen, daß sich in den siebziger Jahren die Agrarexporte der Vereinigten Staaten verdreifacht haben. Die Preise, die die Entwicklungsländer für die von den Industrieländern bezogenen Nahrungsmittel zahlen müssen, sind allerdings schneller gestiegen als die, die sie für ihre landwirtschaftlichen Produkte erzielen. Trotz steigenden Exportanteils der Entwicklungsländer ist deshalb ihr Anteil an den Einnahmen des Weltagrarhandels zurückgegangen. Die starken Nahrungsmittelimporte schaffen Abhängigkeit und behindern die Entwicklung der einheimischen Nahrungsmittelproduktion. So hat sich die städtische Bevölkerung in West- und Ostafrika bereits auf Brot als Nahrungsmittel eingestellt, obwohl Getreide in diesen Gebieten nicht anbaufähig ist. Lokale Nahrungsmittel wurden verdrängt. Die Einfuhr von Nahrungsmitteln dient in erster Linie dazu, die politisch entscheidenden städtischen Massen zufriedenzustellen.

Die Preise für importierte Nahrungsmittel sind deshalb auch relativ niedrig, jedenfalls niedrig genug, um jeglichen Ansatz einer für den Binnenmarkt bestimmten einheimischen Produktion zunichte zu machen. Andererseits sind sie immer noch so hoch, daß sich die Menschen, die nur über eine geringe Kaufkraft verfügen, diese Nahrungsmittel nicht leisten können. Dementsprechend kommt ein Bericht des Europäischen Parlaments von 1984 zu der Schlußfolgerung: »Die Nahrungsmittelhilfe ist absolut notwendig im Katastrophenfall. Aber auf lange Sicht hat sie mehr negative als positive Aspekte. Sie trägt dazu bei, die Nahrungsgewohnheiten der Menschen zu verändern, eine Veränderung, die eine der Hauptursachen der wachsenden Importabhängigkeit der afrikanischen Länder und, in der Folge, von Hungersituationen ist.«

»Respekt vor den Gesetzen des Marktes?«

Derartige Erklärungen haben keine politischen Folgen. Die europäische Getreide- und Milchlobby ist ebenso wie die amerikanische Agrarindustrie in hohem Maße daran interessiert, die erzielten Agrarüberschüsse abzusetzen. Unterstützung erfahren diese Kreise durch die derzeitige Regierung der Vereinigten Staaten, die nicht müde wird, den Freihandel gegenüber den Entwicklungsländern zu fordern. So erklärte die UNO-Vertreterin der USA vor diesem Gremium, daß die einzige Antwort auf den Hunger der »Respekt vor den Gesetzen des Marktes« sei.

Der französische Landwirtschaftsminister Michel Rocard gibt immerhin zu, daß es genau diese Politik ist, die eine eigenständige Nahrungsmittelproduktion der Dritten Welt verhindert. Wörtlich sagte er: »Das Überleben der Dritten Welt wird landwirtschaftlich oder gar nicht sein.« Hierzu sei, im Gegensatz zu dem, was Reagan predige, ein Minimum an Protektionismus ebenso notwendig wie eine technische Hilfe des Westens für eigenständige Nahrungsmittelproduktionen der Dritten Welt. Die französische Zeitschrift »Nouvel Observateur« (23. 11. 1984) beurteilt die Chancen, diesem Vorschlag Rocards zu folgen, allerdings nicht günstig: »Die Agrarindustrie des Nordens ist subventioniert und überprotegiert. Sie benützt gegen die Landwirtschaft der Dritten Welt ihre ausgezeichnete Möglichkeit, politischen Druck auszuüben und liefert ihr, dank ihrer finanziellen Kraft, eine Handelskonkurrenz, die immer unbarmherziger und häufig gesetzwidrig ist – vornehmlich durch das Dumping.«

Am 18. Oktober 1984 diskutierte der Deutsche Bundestag den fünften entwicklungspolitischen Bericht der Bundesregierung. Die Debatte wurde von dem Abgeordneten Höffkes (CDU/CSU) eröffnet, der unter anderem ausführte: »Der fünfte Bericht greift zum erstenmal die Suche einiger Entwicklungsländer nach neuen und eigenen Fortschrittsleitbildern auf. Sie werden deswegen von den Entwicklungsländern aufgenommen, weil die Entwicklungswege der Industrieländer als Vorbild für die eigene wirtschaftliche und soziale Entwicklung für die Entwicklungsländer an Attraktivität verloren haben.«

Im Grunde wird hier eingestanden, daß ein Entwicklungsmodell gescheitert ist, das meinte, mit Hilfe von Wirtschaftswachstum nach dem Vorbild der Industrieländer die Armut in der Dritten Welt allmählich überwinden zu können. Nicht nur, daß dieses Wachstum nicht bis zu den Ärmsten durchgedrungen ist, es hat sie vielmehr noch ärmer gemacht und die derzeitige Ernährungskrise und ausweglose Verschuldung verursacht.

Eigenständige Entwicklung

In seinem Aufsatz »Technischer Fortschritt und Dritte Welt« beschreibt Ivan Illich Entwicklung als Ablösung traditionell geregelter Subsistenztätigkeiten durch Warenproduktion in Lohnarbeit. Alle Entwicklungstheorien gingen von einem Menschenbild aus, das es vor der industriellen Revolution nicht gegeben habe, nämlich dem Homo Oeconomicus, dem Menschen als arbeitsteiligem Produzenten von lebensnotwendigen Industriegütern. Mit historischer Notwendigkeit sei er zum warenabhängigen und mangelleidenden Wesen geworden.

Illich fährt fort: »Entwicklungswissenschaft ist eine Form des Fortschrittsglaubens in der spätindustriellen Gesellschaft. Ihr Subjekt sind die ›anderen‹. ›Andere‹ hat es immer gegeben, nicht aber eine Verpflichtung ihnen gegenüber. Barbaren im Gegensatz zu Griechen kannte schon das klassische Altertum. Sie blieben jenseits der Polis. Erst mit dem Christentum entstanden die Heiden. ›Pagani‹, Wald- und Heidenbewohner sind diejenigen, die dem eigenen Brauchtum verhaftet bleiben – im Gegensatz zum romanisierten Kirchenvolk. Im Unterschied zu Barbaren sind Heiden aber Objekte von Mission. Sie sollen vereinnahmt werden, mit Kreuz und mit Schwert. In der Renaissance wurden sie zu Wilden. Wilde werden zur Aufgabe der zivilen Gesellschaft. Sie sind zu belehren, bevor sie getauft werden können. Sie benötigen den Staat, wie Heiden die Kirche. Wilde sind eine Bedrohung für die Gesellschaft. Die Europäer erschreckt besonders ihre Bedürfnislosigkeit. Erst, als die Wilden im aufsteigenden Merkantilismus zu Eingeborenen wurden, schrieb man ihnen Bedürfnisse zu. Nach der Meinung vieler Merkantilisten unterscheiden sich die Eingeborenen von Europäern nicht durch Bedürfnislosigkeit, sondern durch ein konstantes Bedürfnis-Niveau.

Eingeborene passen aber nicht mehr in das Weltbild des Spätindustrialismus. Die Existenz von Menschen, deren Grundbedürfnisse nicht von der Belieferung mit Gütern und Dienstleistungen abhängig ist, widerspricht dem Leitbild des ›Homo Oeconomicus‹. Dieses fiktive Wesen braucht, um zu leben, die Fiktion eines weltweit homogenen Wirtschaftsraumes ... Deshalb mußte der Eingeborene zum Nachzügler und dann zum Entwicklungsbedürftigen umgestempelt werden.«

Den gegenwärtigen Stand der Entwicklungstheorie beschreibt Illich dahingehend, daß nach der sogenannten Energiekrise das Fremdbild des Entwicklungsbedürftigen seine strategische, technisch-ethische Bedeutung für die Industriestaaten verloren habe. In dieser Situation müsse das Bild des Unterentwickelten überwunden werden, damit die Metropole an ihre eigene Bedarfsdeckung schreiten könne. »Die Metropole bietet sich an, den noch nicht wachstumsgeschädigten neuen Nationen bei der Planung und beim Ausbau des nichtformalen Sektors ihrer Ökonomie an die Hand zu gehen.« Ausgehend von der These, daß Entwicklungstheorie immer ein exotischer Abklatsch der Diskussion in der Metropole war, prophezeit Illich: »Ohne Zweifel wird die nächste Phase der Entwicklungstheorie vom Wachstum in Grenzen und dem Schutz vor Entwicklungsschäden bestimmt sein. Das neue Expertentum, das diesen Schutz verspricht, wuchert bereits. Seit einigen Jahren bereisen schon die neuen Entwicklungshelfer die Welt und offerieren neue Techniken für den sanften Weg, neue Normen und Methoden der Selbsthilfe, Dezentralisierung und finanzielle Unterstützung zur Selbsthilfe.«

Die Konsequenz aus Illichs Theorie ist die, am besten keine Entwicklungspolitik zu betreiben, sondern die Menschen in den Entwicklungsländern möglichst in Ruhe zu lassen. Entgegen der derzeit von der Regierung der Vereinigten Staaten vertretenen Politik, die Gesetze des Marktes zu respektieren – angesichts der ökonomischen Kräfteverhältnisse also ein Plädoyer für das freie Schalten und Walten multinationaler Konzerne –, ist Illichs Vorschlag sicherlich humanerer Natur. Kurz- und mittelfristig würde seine Befolgung aber die Not der Menschen in der Dritten Welt mindestens ebenso vergrößern, wie dies die Fortsetzung der bisherigen Politik nach Reagan-Muster befürchten läßt.

Abkoppelung der Entwicklungsländer

Einen anderen Ansatz einer entwicklungspolitischen Alternative für die Dritte Welt verfolgt Dieter Senghaas (»Probleme autozentrierter Entwicklung – gibt es eine entwicklungspolitische Alternative für die Dritte Welt«). Er plädiert für dissoziative Entwicklungspolitik und argumentiert, daß sich die Gesellschaften und Ökonomien der Dritten Welt nur über eine zeitweise Abkoppelung auf eigene Beine stellen können, um zu einer langfristig fruchtbaren Kooperation mit anderen Gesellschaften und Ökonomien in der internationalen Wirtschaft zu gelangen. »Nicht Integration, sondern – je nach konkretem Fall – unterschiedliche Ausmaße von Abkoppelung oder Dissoziation stellt die Orientierung eines solchen entwicklungspolitischen Programms dar.«

Senghaas verkennt nicht, daß es »die« Dritte Welt eigentlich nicht gibt, weil alle mit diesem Begriff zusammengefaßten Länder sehr unterschiedliche Bedingungen aufweisen. Er möchte das vorgeschlagene Modell auch nicht ohne weiteres mit Autarkie gleichsetzen, denn: »Auch wenn eine solche dissoziative Politik verfolgt wird, ist ein Austausch mit produktiveren Ökonomien möglich. Doch ist dieser Austausch Mittel einer nach innen gerichteten Entwicklungsdynamik und also nur zweckdienlich für die Binnenmarkterschließung. Er ist selektiv zu handhaben und soll nur dort stattfinden, wo er dem Aufbau einer lebensfähigen Binnenstruktur in den Ländern der südlichen Kontinente zugute kommt.«

Bereits Friedrich List habe vor mehr als hundert Jahren darauf aufmerksam gemacht, daß die Doktrin des Freihandels den Interessen der jeweils hochproduktiven Ökonomien entspreche. In der Geschichte der westlichen Industriegesellschaft habe es Phasen gegeben, in denen nur durch Mißachtung freihändlerischer Wirtschafts- und Entwicklungsvorstellungen ein brachliegendes Entwicklungspotential erschlossen werden konnte. Auch die Entwicklungsdynamik Deutschlands seit dem frühen 19. Jahrhundert sei ohne diesen Vorgang nicht begreifbar.

Senghaas untermauert seine These mit Ausführungen Karl Schillers zur Wachstumsproblematik der Entwicklungsländer aus dem Jahre 1960. Schiller beschrieb den Entwicklungsvorgang der Länder der Dritten Welt im Rahmen der bisherigen Arbeitsteilung wie folgt: »In den überseeischen Rohstoffländern hat der Prozeß bei ihrer Berührung mit der kapitalistischen Welt sozusagen gleich im zweiten Akt eingesetzt. (Einige Anhänger des Theorems der komperativen Kosten vergessen auch oft, daß in dem Beispiel Ricardos bekanntlich vor Eröffnung des Außenhandels beider Länder, Portugal und England, beide Produkte, Wein und Tuch, produzieren können und sich nach Eröffnung auf Wein bzw. Tuch spezialisieren, wobei in jedem Land das jeweilige nationale Beschäftigungsvolumen gehalten wird. Hier ist also vor der Spezialisierung schon ein Stadium der Entwicklung der produktiven Kräfte vorausgesetzt.)

In die Länder wurden moderne Erzeugungen verlagert, die nach dem ›Gesetz‹ für die Teilnahme am Welthandel dort angebracht waren. Der erste Akt der schrittweisen Erziehung der gesamten Volkswirtschaft zur modernen Arbeitsweise wurde ausgelassen. So entstand als Bild eine Überseewirtschaft, die zwar hochmoderne Produktion aufweist, aber im wesentlichen nur in solchen Branchen, in denen sie spezialisierter Exporteur ist. Die Überseewirtschaft wurde in ihrem modernen Teil, also nicht etwa in der breiten Struktur der europäisch-amerikanischen Kernländer, sondern ›punktuell‹, als ergänzende ›Contrastruktur‹ zu dieser entwickelt. Die ›Verbreiterungstendenz der Produktion‹ kam in diesen Ländern in voller Breite gar nicht erst zum Durchbruch … Bisher sind also viele Überseeländer gewissermaßen nur schief- oder toplastig allein unter dem Aspekt der ›Weltarbeitsteilung‹ in die moderne Wirtschaft einbezogen.«

Der von Schiller diagnostizierte Mangel einer breiten Entwicklung in den Ländern der Dritten Welt ist bis heute bestehen geblieben. Er hat sich eher noch verschärft. Vielfach existieren in diesen Ländern wenige Wachstumspole mit einem Hinterland, dessen soziale und ökonomische Grundlagen zerstört sind. Bereits heute leben mehr als 200 Millionen Menschen der Dritten Welt in den Elendsgürteln rund um die großen Städte. Es wird geschätzt, daß diese Zahl bis zum Jahre 2000 auf mehr als eine Milliarde Menschen ansteigt.

Mexiko-City würde dann 30 Millionen Einwohner haben, Kalkutta 20 Millionen, São Paulo 26 Millionen.

Einer der Hauptgründe ist die massive Landflucht infolge der zerstörten Agrarstrukturen und einseitigen Ausrichtung der gesamten wirtschaftlichen Entwicklung auf einzelne Wachstumszentren. Beschwichtigend wird darauf hingewiesen, daß während der Industrialisierung Europas eine ähnliche Landflucht hin zu den Industriezentren stattgefunden habe. Abgesehen von der Größenordnung des Problems besteht hier allerdings ein gewaltiger Unterschied: In Europa wanderten die Menschen in die Städte, weil dort große neue Industrien entstanden. Auch die Mechanisierung der Landwirtschaft ging so vonstatten, daß die dafür benötigten Maschinen in eben diesen Städten, in die die Landarbeiter zogen, auch hergestellt wurden.

Der eigene Weg ist richtig

Kostas Vergopoulos weist in seinem Aufsatz »Die Ernährungskrise in der Dritten Welt« (»Les Temps Modernes«) darauf hin, daß nicht einmal der Vergleich mit dem Strukturwandel erlaubt sei, den die englische Landwirtschaft während des 17. Jahrhunderts erlebt habe. Damals hatte wegen der Wollexporte in die Niederlande die Schafzucht den landwirtschaftlichen Anbau verdrängt. Wenn Thomas Moore damals gesagt habe, »sheep eat men«, so sei dem Menschen doch immerhin das Fleisch der Schafe verblieben, und die Landwirtschaft habe sich schließlich insgesamt von pflanzlichen Kulturen auf Viehzucht umgestellt. Nicht die einheimische Nahrungsmittelversorgung sei zerstört, sondern nur die Art und Weise der Bodenverwertung verändert worden.

Werden hingegen heute in der Dritten Welt die für Export bestimmten Futtermittelanbauflächen in nie dagewesenem Umfang ausgedehnt, so werde der für die Ernährung der eigenen Bevölkerung bestimmte landwirtschaftliche Anbau durch die Exportkulturen ersetzt. Die steigenden Getreideimporte bieten keine ökonomische Perspektive. Sie haben zwar mit dazu beigetragen, daß sich, wie bereits erwähnt, die amerikanischen Getreideexporte im vergangenen Jahrzehnt auf die Rekordsumme von 40 Milliarden Dollar jährlich verdreifacht haben, eine breite Entwicklung der Produktionsstrukturen aber haben sie verhindert. Das gleiche trifft für manche unsinnigen industriellen Prestigeobjekte zu, die mit Hilfe der Industrieländer errichtet wurden.

So wie es nicht »die« Dritte Welt gibt, kann es auch nicht »das« Entwicklungsmodell geben. Es ist in erster Linie Sache der Entwicklungsländer selber, den Weg ihrer wirtschaftlichen und sozialen Entwicklung zu bestimmen. Unsere Entwicklungspolitik muß darin bestehen, sie dabei zu unterstützen. Wenn multinationale Unternehmen Gifte und Pflanzenschutzmittel, deren Anwendung bei uns verboten ist, in die Dritte Welt verkaufen oder gar, wie in Bophal in Indien geschehen, dort Giftfabriken errichten, die nicht mit den gleichen Sicherheitsvorkehrungen ausgerüstet sind wie in der »Ersten Welt«, so ist dies schlicht kriminell. Wer sich eine weltwirtschaftliche Arbeitsteilung dahingehend vorstellt, daß es einige wenige Herrenländer gibt, die nur noch saubere Technologien anwenden und Blaupausen liefern, während die umweltverschmutzende Produktion in die Dritte Welt verlagert wird, dessen Denken hat rassistische Züge.

Die Verschuldungskrise

Auf ungefähr 700 Milliarden Dollar werden die Schulden geschätzt, die die Länder der Dritten Welt in den vergangenen zehn Jahren zum überwiegenden Teil bei westlichen Privatbanken angehäuft haben.

Heute wird vielfach behauptet, Unvernunft habe die Entwicklungsländer in die Verschuldungskrise hineingeführt. Vor zehn Jahren hörte sich das alles noch ganz anders an:

Recycling der Petro-Dollars nannte man es, als US-amerikanische und europäische Großbanken nach Anlagen für die auf ihren Konten stehenden Milliarden von Öldollars suchten. Da in den Industrieländern Stagnation herrschte und das Ende der Wachstumswirtschaft bereits eingeläutet war, wurde die Gelegenheit gern wahrgenommen, auf die Märkte der Dritten Welt auszuweichen.

Wie heute der Umweltschutz als Wachstumshoffnung für neue Märkte gilt, so war es damals die Dritte Welt. Und ebenso wie man heute dem brüchig gewordenen Wachstumsdogma neuen Glanz verleiht, indem man es zum Retter der Umwelt erhebt, schien es damals so, als könnten wir uns durch ein und denselben Vorgang aus den bestehenden Wachstumsschwierigkeiten befreien und die Dritte Welt aus der Unterentwicklung herausführen. Ob in Nigeria, das aufgrund seines Erdölreichtums günstige Voraussetzungen zu haben schien, oder in Brasilien, das sich bereits in der Vergangenheit als besonders entwicklungsfähig erwiesen hatte – überall endete das Unternehmen in einem Fiasko. Die Dritte Welt eignet sich nicht dazu, die Wachstumsprobleme der Industriegesellschaft zu lösen.

Die Folgen dieses Bemühens werden aber nicht von denen ausgebadet, die dem Wachstumsdogma immer noch anhängen, sondern von den Menschen in den Ländern der Dritten Welt. Durch die Politik des internationalen Währungsfonds werden dort die Mittelschichten in die Armut, die Armen ins Elend und die Verelendeten in den Tod getrieben. Die gescheiterte Wachstumspolitik hat die Dritte Welt in eine ausweglose Situation hineinmanövriert. Die hohe Verschuldung dieser Länder ist ökonomisch nur zu verstehen und zu rechtfertigen als Vorgriff auf künftiges Wachstum. Wie aber soll es entstehen, wenn infolge harter Währungsfondsauflagen, hoher Dollarzinsen und drastischer Einschränkungen der Staatsausgaben Wachstum nicht mehr möglich ist?

Wirtschaftswachstum und industrielle Entwicklung in der Dritten Welt können ohne zusätzliche Importe technischer

Ausrüstungen nicht gelingen; gerade diese sollen aber nach Möglichkeit unterbleiben, weil die hohe Verschuldung hierfür selbst auf längere Sicht keinen Spielraum mehr bietet. War es früher so, daß die Dritte Welt den Industrieländern aus ihren Wachstumsschwierigkeiten heraushelfen sollte, hofft man nun umgekehrt, daß eine Rückkehr des Wachstums in den Industrieländern auch in den Ländern der Dritten Welt, insbesondere den sogenannten Schwellenländern, den Wachstumsprozeß wieder in Gang bringen könnte.

Trotz der katastrophalen Situation in den Entwicklungsländern sind aber die Versuche, die eigenen Wachstumsprobleme in der Dritten Welt zu lösen, faktisch immer noch nicht aufgegeben worden. Ein mörderischer Kampf um Aufträge ist unter den Industrieländern entbrannt. Sie unterbieten sich gegenseitig mit zinsgünstigen Krediten, wobei, nach Auffassung des Vorstandsvorsitzenden von Mannesmann DEMAG, »Methoden eingerissen sind, die man in Hamburger Kaufmannskreisen als wenig seriös bezeichnen würde«.

Waren vor zehn Jahren die Banken wegen der anzulegenden Öldollars besonders aktiv, so sind es jetzt die Erbauer von industriellen Großanlagen, die die ausbleibenden Aufträge aus der Dritten Welt nicht mehr anderweitig ersetzen können. Während die Regierung der Bundesrepublik vorerst dem Verlangen, Exportgeschäfte zu subventionieren, zurückhaltend gegenübersteht, hat sie zumindest vor, Entwicklungshilfe künftig stärker an Aufträge für das eigene Land zu koppeln. Letztlich wird von allen Industrieländern Entwicklungshilfe zunehmend in Exportförderung verkehrt und im Grunde eine neue Variante des Protektionismus, diesmal nicht auf der Import-, sondern der Exportseite, praktiziert.

Damit wird ein weiteres Stück Freihandel, den man den Entwicklungsländern im Agrarhandel wärmstens ans Herz legt, zerstört, wenn es den eigenen Interessen dient. Daß die Lage schier aussichtslos ist, zeigt sich am anschaulichsten in Brasilien. Unter der Überschrift »Brasilien: die Zerschlagung des Modells« untersucht Gilberto Calgagnotto im »Jahrbuch

Dritte Welt« des Deutschen Übersee-Instituts dessen Verschuldungskrise. Er weist darauf hin, daß im Vergleich zu der Zügigkeit und Gründlichkeit der Umschuldungsverhandlungen anderer Länder (zum Beispiel Mexiko) diese in Brasilien äußerst zähflüssig gelaufen seien. Er zitiert dann einen leitenden Angestellten einer der drei großen deutschen Banken, der erläutert habe, »daß das brasilianische Schuldenproblem deshalb so schwierig sei, weil Brasilien – jahrelang Musterschüler – eine grundsätzlich richtige Schuldenadministration vorzuweisen habe: Die Fälligkeiten seien günstig verteilt, die Verschuldungshöhe im Verhältnis zum Bruttosozialprodukt pro Kopf nicht übertrieben, die beabsichtigte Verwendung der Kredite entwicklungspolitisch sinnvoll.«

Demnach ist für die Lage in Brasilien die weltwirtschaftliche Situation verantwortlich. Dies aber heißt, daß der internationale Währungsfonds bei der Lösung der brasilianischen Verschuldungskrise eigentlich fehl am Platze ist, da er an den weltwirtschaftlichen Problemen – Wachstumskrise, hohe Dollarzinsen – nichts ändern kann und auch nicht will. Wohl oder übel wird schließlich dann doch der Hebel an der brasilianischen Wirtschaft angesetzt mit all den negativen Folgen für die unteren Schichten des 130-Millionen-Volkes und ohne Rücksicht darauf, daß damit die Grundlage des bisher geltenden brasilianischen Entwicklungsmodells zerstört wird.

Die Entwicklungsländer werden nicht mehr lange zahlen

Aber nicht nur in Brasilien wird die Verschuldungskrise von allen Beteiligten vor sich hergeschoben, von einem Umschuldungsverfahren zum nächsten. Die meisten Entwicklungsländer werden nicht in der Lage sein, jemals ihre Schulden zurückzuzahlen. Sie werden nicht mehr lange bereit sein, den Schuldendienst zu leisten. Derzeit können sie noch nicht anders handeln, weil sie glauben, dringend auf neue Kredite angewiesen zu sein. Sollten diese allerdings einmal ausbleiben, wird nicht mehr die geringste Bereitschaft zum Schuldendienst bestehen. Insofern können auch die internationalen Banken nichts anderes tun, als letztlich gute Miene zum bösen Spiel zu machen und weiterhin Kredite zu gewähren. Die Kreditgeber arrangieren sich mit dieser mißlichen Situation soweit es geht, und vorläufig jedenfalls werden sie dabei auch noch nicht arm. Die Länder der Dritten Welt werden angehalten, auf Kosten ihrer Bevölkerung den Schuldendienst so lange zu leisten, wie es nur irgend geht. In den Industrieländern werden höhere Kreditzinsen abgenommen und niedrigere Sparzinsen ausgezahlt. Vorläufig läßt es sich so noch bequem leben und vor allem braucht die Hoffnung nicht aufgegeben zu werden, daß sich irgendwann doch wieder weltweites Wirtschaftswachstum einstellt und sich alle Probleme dann sozusagen wie von selber lösen werden.

Diese Hoffnung wird trügen, und man wird um den Schuldenerlaß für die Dritte Welt nicht herumkommen. Fraglich ist nur, ob sich dies in chaotischer Form durch Bankzusammenbrüche mit unübersehbaren Kettenreaktionen vollzieht oder in irgendeiner »geordneten Weise«, wobei in beiden Fällen auch in unserem Land hohe Verluste entstehen. Die Frage hierbei ist, auf wen sie wohl abgewälzt werden.

Für die Länder der Dritten Welt wie für uns muß die tiefe Krise Veranlassung sein, die gescheiterten Entwicklungsmodelle zu begraben. Sie müssen in der Entwicklung ihren eigenen Weg gehen. Wir können uns und ihnen dabei helfen, wenn wir endlich lernen, ihre Kultur zu verstehen. Ihr Fortschritt und unser Fortschritt, das ist der andere Fortschritt.

Eine alternative Entwicklungspolitik

Die beschriebenen Ursachen der Welternährungskrise und der Verschuldungskrise der Dritten Welt sollten jedenfalls Veranlassung genug sein, unsere Entwicklungspolitik zu überdenken und neu zu bestimmen. So wie unsere Wachstumsgesellschaft an ihre Grenzen gestoßen ist, so sind die Versuche, das ihr zugrundeliegende Modell auf die Dritte Welt zu übertragen, kläglich gescheitert. Auf der Suche nach einem anderen Weg können wir von einem Entwicklungstheoretiker aus der Dritten Welt lernen: Mahatma Ghandi. In seinem Buch »Die Zukunft der Dritten Welt« schildert Paul Harrison die Überlegungen Ghandis:

»Ghandi erkannte schon in den zwanziger Jahren dieses Jahrhunderts die Fallgruben der an westlichen Vorbildern ausgerichteten Entwicklung auf der Grundlage großer Städte und großer Industrien. Er haßte die modernen Maschinen und die Massenproduktion nicht nur, weil sie Lärm, Umweltverschmutzung und Entfremdung hervorbrachten, sondern auch, weil sie unter den Beschäftigten des traditionellen Sektors Massenarbeitslosigkeit erzeugten: ›Wie kann ein Land mit Millionen und Abermillionen lebender Menschen es sich leisten, über Maschinen zu verfügen, die die Arbeit von Millionen und Abermillionen Menschen überflüssig machen?‹

Die modernen Maschinen, so die Erkenntnis Ghandis, bereicherten einige wenige auf Kosten der vielen und führten zu Konzentration und Zentralisation von Wohlstand und Macht. Ghandi sah auch die heute so offensichtlichen Gefahren der Entwicklung der Großstädte und der Vernachlässigung der Dörfer, wo der größte Teil der Bevölkerung lebte. Seinen Vorstellungen zufolge sollten in erster Linie die Dörfer entwickelt werden, wo man durch die Wiedereinführung und Verbesserung der alten überlieferten Technologien in großem Umfang zusätzliche Arbeitsmöglichkeiten schaffen konnte ... Alles in allem kann man sagen, daß Ghandi der wirkliche Vater der mittleren und angepaßten Technologie war.« Weiter heißt es: »Das Entwicklungsverständnis Ghandis lehnte die Vorstellung ab, Entwicklung habe in erster Linie materiellen Wohlstand zu schaffen und der Befriedigung unersättlicher und unendlich vervielfachter Bedürfnisse zu dienen. ›In dem Maße, wie wir das moderne materialistische

Streben zu unserem Ziel machen‹, schrieb er, ›in dem Maße werden wir auf dem Weg des Fortschritts bergab gehen.‹«

Es wären gewaltige Fehlentwicklungen vermieden worden, hätte man die Grundlinien des Denkens Ghandis verstanden und beherzigt. Hierfür ist es auch jetzt noch nicht zu spät. Was Ghandis Aussagen zum materiellen Wohlstand betrifft, wäre es ohnehin Sache unserer hochindustrialisierten Gesellschaft zu überdenken, ob wir nicht bei uns inzwischen den Punkt erreicht haben, wo »wir auf dem Weg des Fortschritts bergab gehen«. Entwicklungspolitik muß das Hauptgewicht auf die menschlichen Grundbedürfnisse, die soziale Entwicklung und die Schaffung einer wirtschaftlichen Breitenstruktur legen. Hierzu ist internationale Zusammenarbeit und weiterhin Technologietransfer aus den Industrieländern nötig. Letzterer allerdings mit einer anderen Ausrichtung: Die ökologische Umrüstung der Produktionsstrukturen sollte nicht nur ein Schlagwort für den Hausgebrauch sein. Solange bei uns selber kein entscheidender Wandel zugunsten der Erhaltung unserer natürlichen Lebensgrundlagen eingeleitet ist, werden wir kaum erwarten dürfen, daß derartiges in der Dritten Welt geschieht.

Dabei bietet der Gedanke einer ökologischen Produktion in einer intelligenten Kombination von traditionellen und modernen Techniken den Ländern der Dritten Welt die Chance, eine eigenständige Technologie zu entwickeln. Dies würde sie von den nördlichen Industrieländern unabhängiger machen und stellt auch für sie die einzige Möglichkeit dar, ihre Beschäftigungsprobleme zu lösen. Insofern hat Ghandi unzweifelhaft recht: Wenn unser Produktivitätsfortschritt uns fast außerstande setzt, einigen Millionen Menschen Beschäftigung zu geben, wie sollte dies dann bei gleicher technologischer Entwicklung in der Dritten Welt möglich sein, deren Bevölkerungszahl die der Industrieländer weit übertrifft.

Michel Rocard, der französische Landwirtschaftsminister, hat recht, wenn er sagt, die Dritte Welt wird nur dann eine Zukunft haben, wenn es diesen Ländern gelingt, eine Landwirtschaft zu entwickeln, die die einheimische Bevölkerung ernährt. Insofern ist auch die harte Kritik, die Rocard an der derzeitigen Politik der Vereinigten Staaten übt, vollauf gerechtfertigt. Die jetzige amerikanische Regierung betreibt gegenüber den Ländern der Dritten Welt eine katastrophale Agrarpolitik. Sie bewirkt, daß die subventionierte und mit modernster Technik ausgerüstete Agrarindustrie der westlichen Staaten die kleinen Bauern in der Dritten Welt in einem ungleichen Konkurrenzkampf vernichtet.

Edouard Sauma, der Generaldirektor der UN-Ernährungs- und Landwirtschaftsorganisation FAO, wird nicht müde zu erklären: Man muß den Völkern der Dritten Welt die Mittel geben, landwirtschaftlich zu produzieren und nicht nur sich zu ernähren. Aus diesem Grunde wurde 1977 ein internationaler Fonds für die Agrarentwicklung (IFAD) gebildet, dessen Wirken im ersten Bericht der Nord-Süd-Kommission sehr positiv beurteilt wird. Es heißt dort, daß die Kapitalausstattung von einer Milliarde Dollar sowohl aus OPEC-Ländern wie auch aus den industrialisierten Ländern eine bedeutende Neuerung in der Entwicklungsfinanzierung darstelle. Dem Fonds sei aufgetragen worden, dieses Geld innerhalb von drei Jahren zur Steigerung der Erzeugung und des Verbrauchs von Nahrungsmitteln bei den ärmsten Menschen in den ärmsten Ländern zu verwenden. Inzwischen ist der Fonds unter maßgeblicher Beteiligung der amerikanischen Regierung finanziell ausgetrocknet worden.

Solches geschieht zu einer Zeit, in der die Hungerkatastrophe in der Dritten Welt sich zu einer der größten Tragödien unseres Jahrhunderts ausweitet.

Entwicklung von unten

Der multilateralen Entwicklungshilfe muß sicherlich künftig ein noch stärkeres Gewicht zukommen. Dies um so mehr, als Tendenzen bestehen, die nationale Entwicklungspolitik in den Dienst des Ost-West-Konflikts zu stellen oder, wie wir gesehen haben, als Exportpolitik zur Lösung der eigenen Wachstumsschwierigkeiten zu begreifen. Wer Entwicklung nicht nur als Entwicklung von Sachen, sondern auch als Entwicklung von menschlichen Fähigkeiten begreift, muß um so mehr bedauern, daß derzeit versucht wird – wiederum unter Führung der Regierung der Vereinigten Staaten mit Hilfe der Regierung Großbritanniens und konservativer Politiker in der Bundesrepublik Deutschland –, die Welterziehungsorganisation UNESCO zu boykottieren, wenn auch die UNESCO mit ihrem aufgeblähten Verwaltungsapparat und ihrem schlechten Management ihren Gegnern dafür Argumente geliefert hat.

Susan George, Autorin zahlreicher Bücher über die Probleme des Hungers in der Dritten Welt, schrieb kürzlich in einem Artikel mit der Überschrift »Man wird den Hunger besiegen, wie man die Sklaverei besiegt hat« (»Le Nouvel Observateur« vom 23. 11. 1984): »Es passiert derzeit etwas Außerordentliches in der Dritten Welt. Dies entgeht der Presse, die sich nicht sehr darum kümmert. Es sind die unzähligen lokalen Initiativen, die Bauernzusammenschlüsse, die Tausende kleiner Experimente, die Leute, die sich um ein Projekt organisieren, um auf ein dringendes gemeinsames Bedürfnis zu antworten, die weder von ihren Regierungen noch internationalen Organisationen Lösungen erwarten. Man ist Zeuge einer Explosion sozialer Kreativität, die ein historisches Ereignis ist und die die Sicht der Dinge ändern kann. Die Initiativen in den Städten vervielfältigen sich ebenso wie die Zusammenschlüsse auf dem Land im Sahelgebiet, in Brasilien, in Asien. In Bangla Desh sind es die Frauen, die sich organisieren ...«

Auch Paul Harrison, der als britischer Journalist mehr als dreißig Entwicklungsländer besucht hat, berichtet in seinem bereits zitierten Buch von einer Vielzahl derartiger lokaler Initiativen. Er schreibt hierüber: »Bei der Gemeindeentwicklung, bei der Landwirtschaft und im verarbeitenden Gewerbe werden überall in der Dritten Welt Genossenschaften gegründet.« Harrison sieht hierin einen Charakterzug neuer Entwicklungsstrategien: »Die Selbsthilfe muß gestärkt werden durch gegenseitige Hilfe. Das Erlernen von Entwicklungskenntnissen geht schneller vonstatten, wenn es kollektiv geschieht. Das Ideal ist die Schaffung eines Netzwerkes gleichgestellter Gemeinschaften, deren Mitglieder das Ziel der genossenschaftlichen Selbstverbesserung und nicht die eigennützige Förderung des einzelnen verfolgen.«

Die ähnlich lautenden Vorschläge, die bei uns gemacht werden, um der steigenden Arbeitslosigkeit und der Aushöhlung des Sozialstaats entgegenzuwirken, sind ein Signal dafür, daß ihr Fortschritt unser Fortschritt ist.

In Frankreich, wo vielfältige Kontakte zum frankophonen Afrika bestehen, wird ebenfalls zunehmend von derartigen Initiativen im westlichen Afrika berichtet. Jean Pierre Cot, bis vor kurzem Entwicklungshilfeminister, beschreibt in seinem Buch »L'épreuve du pouvoir« interessante Städtepartnerschaften zwischen Lille und St. Louis im Senegal oder zwischen Grenoble und Bukavu (Zaire), die zum Ziel haben, einen Transfer kommunaler Technologien zu leisten und beim Aufbau kommunaler Dienste zu helfen. Bei dieser »Politik der kleinen Schritte« kann sich die französische Entwicklungspolitik auf ungefähr 25 000 Entwicklungshelfer stützen.

Sicherlich muß auch die Tätigkeit der Entwicklungshelfer immer wieder einer kritischen Reflektion unterzogen werden. Illichs Vorbehalte sind aber teilweise ungerechtfertigt. Es mag Entwicklungshelfer geben, die mehr Schaden als Nutzen anrichten. Zwischen dem Einfluß, den ein alternativer Theoretiker in der Dritten Welt ausüben kann, und dem der multinationalen Konzerne bestehen jedoch fundamentale Unterschiede. Wenn Entwicklungshelfertätigkeit nicht mehr darauf ausgerichtet ist, Pläne zu vollziehen, die weitab entworfen worden sind, sondern darauf, lokale Initiativen zu unterstützen, kann sie im Rahmen einer Strategie der »Entwicklung von unten« eine wirksame Hilfe darstellen.

Ohne Arbeit fault alles Leben. Unter seelenloser Arbeit jedoch erstickt das Leben und stirbt.

Albert Camus

Die andere Arbeit

Nach Charles Fourier, dem großen Visionär unter den frühen Sozialisten, sollte die wohlbeschaffene gesellschaftliche Arbeit zur Folge haben, daß vier Monde die irdische Nacht erleuchteten, daß das Eis sich von den Polen zurückziehe, daß das Meerwasser nicht mehr salzig schmecke und die Raubtiere in den Dienst der Menschen träten. Walter Benjamin hat dieses visionäre Gleichnis mit den Worten kommentiert: »Das alles illustriert eine Arbeit, die, weit entfernt die Natur auszubeuten, von den Schöpfungen sie zu entbinden imstande ist, die als mögliche in ihrem Schoße schlummern.«

Fourier ist in anderthalb Jahrhunderten oft verspottet worden. Heute aber ist Beklemmung angebracht, droht doch die Realität die Vorstellungen Fouriers in schrecklicher Verkehrung einzuholen. Neuerdings wissen wir, daß sich in der Tat infolge des menschlichen Eingriffs in die Natur, infolge von Arbeit also, das Eis von den Polen zurückzieht. Den Beweis dafür, daß das Meerwasser nicht mehr überall salzig schmeckt, möchte ich schuldig bleiben, da es teilweise nicht mehr genießbar ist. Ob nach dem ersten auf der Erde oder im Weltall ausgetragenen Atomkrieg vier Monde die irdische Nacht erleuchten werden oder ein Mond die ewige Nacht vierer Erden – wessen Phantasie reicht aus, die Antwort zu geben? Die Raubtiere werden wohl nicht in den Dienst der Menschen treten, denn bis die Gentechnologie dies bewerkstelligen kann, werden viele Tierarten längst ausgestorben sein.

Auf der Welt ist ein Verelendungsprozeß im Gange

Die Arbeiterbewegung entstand im 19. Jahrhundert als Reaktion auf das übermächtige proletarische Elend. Noch Karl Marx war der Ansicht, daß unter den Bedingungen der kapitalistischen Produktion der Verelendungsprozeß des Proletariats so lange unaufhaltsam fortschreiten werde, bis ein revolutionärer Aufstand der Massen diese Bedingungen beseitigen würde. Er sollte sich täuschen. In den entwickelten kapitalistischen Ländern hat eine solche Revolution bis heute nicht stattgefunden. Von einer fortschreitenden materiellen Verelendung der Arbeitnehmerschaft dieser Länder war lange nicht mehr die Rede. Die ansteigende Arbeitslosigkeit und der gleichzeitig stattfindende Sozialabbau bringen die sich verschlechternde materielle Lage des Arbeitnehmers erneut ins Bewußtsein.

Ein weit größerer Verelendungsprozeß ist auf dieser Welt in vollem Gange, nur in anderen Gebieten, als Marx prognostiziert hatte. In dem Maße, in dem sich der Reichtum in den industriell hochentwickelten Ländern des Westens und des Ostens vermehrte, konnte dort auch die arbeitende Masse der Bevölkerung einen relativen Wohlstand erreichen. Dafür sind – wie an anderer Stelle dieses Buches aufgezeigt wurde – die Völker der Dritten Welt immer ärmer geworden. Kein Zweifel, daß zwischen dem Reichtum der Industrienationen und der Armut der Dritten Welt ein Zusammenhang besteht. Schon früh haben sozialistische Theoretiker auf diesen Zusammenhang hingewiesen und daraus eine moralische Verpflichtung der reichen Völker zur Solidarität mit den armen abgeleitet. Vor allem durch das Waldsterben ist in den letzten Jahren noch ein anderer Verelendungsprozeß augenfällig geworden: die fortschreitende Verelendung der Natur. Entstand vor 120 Jahren die SPD als Reaktion auf das Elend der proletarischen Bevölkerung, so entstand vor wenigen Jahren die Ökologiebewegung als Reaktion auf das Elend der Natur.

Nun ziehen wir alle, ob Arbeitnehmer oder Unternehmer,

Besitzende oder Besitzlose, Gewinn aus der Verelendung der Natur, denn wir verdanken unseren Wohlstand ihrer rücksichtslosen Ausbeutung durch industrielle Arbeit, die ihrerseits eine noch rücksichtslosere Belastung der natürlichen Umwelt mit den schädlichen Rückständen der industriellen Naturverwertung zur Folge hat. Der Mensch, der eine Arbeit verrichtet, ist also nicht nur das Werkzeug der Naturausbeutung, er profitiert auch davon. Der Natur gegenüber steht er im Lager des Ausbeuters. Demnach wäre die Arbeiterbewegung die organisierte Bewegung von Ausbeutern der Natur. So jedenfalls scheinen es viele zu sehen, die für die Natur politisch »Partei« ergreifen. Wer aber will schon mit Ausbeutern gemeinsame Sache machen?

Eine weitere Dimension muß berücksichtigt werden: die Realität der kapitalistischen Produktionsordnung. Der Mensch kann sich die Verhältnisse nicht aussuchen, in die er geboren wird. Der organisierten deutschen Arbeiterschaft ist es nicht gelungen, ein anderes, besseres Gesellschaftssystem herbeizuführen. Man kann es ihr nicht verübeln, daß sie sich in dem vorhandenen so gut es eben ging eingerichtet hat. Seit mehr als hundert Jahren macht sie die Erfahrung, daß die Quelle ihres relativen Wohlstands einzig die Steigerung der Produktivität der industriellen Arbeit ist. Daher versteht sie diejenigen nicht, die jetzt das gesamte industrielle System in Frage stellen. Sie sieht dadurch ihren bescheidenen Besitz und Wohlstand gefährdet. Auf den ersten Anschein mögen die beiden Argumentationsreihen, die sich hier gegenüberstehen, schlüssig sein. Sie werden fragwürdig, sobald man dem Sachverhalt auf den Grund geht.

Arbeit ist der Schlüsselbegriff

Die Verelendung der Natur ist das Ergebnis der industriellen Arbeit. Mithin ist Arbeit der Schlüsselbegriff, den es als ersten zu erörtern gilt. In der bürgerlichen Gesellschaft war der Begriff der Arbeit von Anfang an zwiespältig, und er ist es bis heute geblieben. Einerseits bedeutet Arbeit Unterdrükkung, Ausbeutung, Entwürdigung des Menschen; andererseits ist sie ein Mittel seiner Selbstbefreiung, der Befreiung aus Not und Angst.

In ihrer primären Form war Arbeit die Auseinandersetzung des Menschen mit der Natur; durch Arbeit machte sich der Mensch die Natur zunutze. Solange er in dieser Auseinandersetzung mit der Natur frei war, solange er Dauer und Ziel seiner Tätigkeit selber bestimmen konnte – solange konnte er Verantwortungsbewußtsein in seiner Arbeit entwickeln, Verantwortungsbewußtsein nicht nur hinsichtlich des Produkts (man denke an den Berufsstolz eines guten Handwerkers), sondern auch Verantwortungsbewußtsein hinsichtlich der Mittel und des Gegenstands seiner Arbeit, der Natur.

Ist die Natur Privatbesitz, können sich die Besitzlosen mit ihr nicht tätig auseinandersetzen. Sie haben keine Arbeit. Um zu leben, müssen sie ihren einzigen natürlichen Besitz verkaufen – ihre Arbeitskraft. Wer seine Arbeitskraft verkaufen muß, hat nicht mehr das Recht, den Arbeitsprozeß selber zu bestimmen und selber zu verantworten. Er wird eingesetzt, wie es der Käufer seiner Arbeitskraft bestimmt. Sobald eine Maschine erfunden wird, die seine Arbeit besser und schneller verrichten kann, wird er durch diese Maschine ersetzt. Er ist weder Herr seiner Zeit noch Herr seiner Arbeitsmittel. Auch die Produkte seiner Arbeit gehören ihm nicht. Er arbeitet und ist doch passiv, er soll wie eine Maschine funktionieren. Wie soll er für den Gegenstand seiner Arbeit Verantwortungsbewußtsein entwickeln können? Er wird ausgebeutet und beutet nach Maßgabe seines Auftraggebers die Natur aus.

Dieses einfache Erklärungsmuster trägt der Komplexität der Wirklichkeit ungenügend Rechnung, aber es ist geeignet, den Grundmechanismus der industriellen Arbeit zu veranschaulichen. Es macht keinen wesentlichen Unterschied, ob menschliche Arbeitskraft durch einen Mikrochip oder durch eine Maschine wegrationalisiert wird. Aber auch der im Dienstleistungssektor Beschäftigte ist in vielen Fällen während der Arbeit weder Herr seiner Zeit noch Herr seiner Mittel, auch er wird in der Regel tun und lassen müssen, was man ihm sagt.

Natürlich konnten die Gewerkschaften im Laufe der Jahre erhebliche Verbesserungen der Arbeitsbedingungen erkämpfen. Doch nach wie vor fehlt der Arbeit das Kriterium, das für die Herausbildung eines Verantwortungsbewußtseins entscheidend ist: die Selbstbestimmung des Arbeitenden im Arbeitsprozeß. Die Arbeitsteilung hat sich in einer Weise fortentwickelt, die Apparaturen sind so kompliziert geworden, daß der einzelne den gesamten Fertigungsprozeß, an dem er beteiligt ist, nicht mehr überschauen kann. Als kleines Rädchen im industriellen Arbeitsprozeß verliert er nicht nur jeden Bezug zu dem primären, natürlichen Gegenstand dieses Prozesses, sondern auch jeden Bezug zu seinem Endprodukt.

Stellen wir uns einen Angestellten vor, der tagein, tagaus an seinem Schreibtisch sitzt, der hier einen Vermerk auf ein Schreiben setzt, dort einen Stempel auf ein anderes drückt, der die auf solche Weise bearbeiteten Schriftstücke schließlich in einen Korb legt, den andere wegtragen. Diese Arbeit ist in unserer arbeitsteiligen Gesellschaft ein Glied in einer langen Kette von Arbeitshandlungen, die ebenso den Bagger, der einen Berg abträgt, um Braunkohle zu gewinnen, umschließt wie auch die giftigen Gase, die dem Schornstein eines Kraftwerks entweichen. Der Angestellte mag sich in einem besinnlichen Augenblick dieser Tatsache bewußt werden. Danach aber wird er guten Gewissens weiter seine Bürotätigkeit verrichten. Denn wer täglich an seinem Schreibtisch sitzt, wird wohl kaum ein Verantwortungsbewußtsein für den gesamten Arbeitsprozeß entwickeln können, der zwischen einem Bagger und einem Schornstein vonstatten geht. Und jedem beliebigen einzelnen menschlichen Glied in dieser langen Kette von Arbeitshandlungen wird es nicht anders ergehen.

Im wesentlichen stehen also zwei Strukturelemente der Entwicklung eines individuellen und gesellschaftlichen Verantwortungsbewußtseins im industriellen Arbeitsprozeß entgegen: zum einen die extreme Arbeitsteilung, die den Fertigungsprozeß für die daran Beteiligten unüberschaubar werden läßt; zum anderen der Privatbesitz an der Natur und an den natürlichen Arbeitsmitteln, wozu auch die auf dem Arbeitsmarkt gekaufte menschliche Arbeitskraft gehört.

Jean-Jacques Rousseau hat den Akt der Besitzergreifung der Natur durch die Menschen als eine Art originären Sündenfall verstanden: »Der erste, der ein Stück Erde eingezäunt hatte und sich anmaßte zu sagen: Dies gehört mir, und der Leute fand, die einfältig genug waren, es zu glauben, war der wahre Gründer der bürgerlichen Gesellschaft. Wieviele Verbrechen, Kriege, Morde, wieviel Elend und Schrecken hätte derjenige dem Menschengeschlecht erspart, der die Pfähle herausgerissen oder den Graben zugeschüttet und seinesgleichen zugerufen hätte: Hütet euch, diesem Betrüger zuzuhören. Ihr seid verloren, wenn ihr vergeßt, daß die Früchte allen und die Erde keinem gehört.«

Mit der Industrialisierung im 18. Jahrhundert wurde jener Fortschrittsbegriff Wirklichkeit, den ein Francis Bacon oder ein René Descartes hundert Jahre zuvor geprägt hatten: Der Mensch solle sich mit Hilfe der Technik die Natur unterwerfen, solle sie beherrschen und besitzen. So begann die Industrialisierung mit einer rücksichtslosen Ausbeutung der Natur, was den sensiblen Zeitgenossen Rousseau Schreckliches ahnen ließ. In gleichem Maße, in dem man die menschliche Arbeitskraft – zu Recht – als eine Kraft der Natur verstand, unterlag auch sie den Gesetzen dieser Ausbeutung.

Die kapitalistischen Produktionsverhältnisse, die sich im 19. Jahrhundert entfalteten, beruhen auf dem Privatbesitz an den natürlichen Produktionsmitteln. Mit anderen Worten: Die natürlichen Rohstoffe, die Werkzeuge, die Maschinen, die Fabriken gehören einigen wenigen, denen die große Masse ihre Arbeitskraft gegen Lohn verkaufen muß. Daß somit die Arbeitenden von der Verantwortlichkeit in der Arbeit enteignet werden, ist schon gesagt worden. Dem wäre freilich noch hinzuzufügen, daß der kapitalistische Produktionsprozeß genausowenig geeignet ist, bei den Besitzenden ein echtes gesellschaftliches Verantwortungsbewußtsein zu entwickeln.

Betrachten wir einmal den günstigen Fall, in dem der Eigentümer noch selber die Geschicke seiner Firma leitet. Man sagt dann, er trägt die Verantwortung. Unter dem Konkurrenzdruck der Wirtschaft aber besteht diese Verantwortung im wesentlichen darin, mit dem geringsten Aufwand aus dem Besitz den größten Nutzen zu ziehen, denn die kapitalistische Logik des wirtschaftlichen Eigentums heißt Gewinnmaximierung. Der Besitzer von natürlichen Produktionsmitteln, der fremde Arbeitskräfte anheuert und für seine wirtschaftlichen Zwecke einsetzt, ist von der unmittelbaren, physischen Auseinandersetzung mit der Natur ebenso abgeschnitten wie seine Arbeitskräfte. Seine leitende, an der Nutz- und Gewinnsteigerung orientierte Tätigkeit hat ebenfalls den direkten, sinnlichen Bezug zum Prozeß der Umwandlung natürlicher Rohstoffe in gesellschaftliche Gebrauchsgüter verloren.

Die Funktion in der Konkurrenzgesellschaft prägt sein Verhältnis zur Natur und seine Verantwortlichkeit im Arbeitsprozeß. Will er Gewinne erzielen, muß er konkurrenzfähig bleiben; will er konkurrenzfähig bleiben, muß er seine wirtschaftliche Verantwortung an der Steigerung der Produktivität ausrichten; will er die Produktivität steigern, muß er die Natur und die von ihm gekaufte menschliche Arbeitskraft möglichst zweckrational diesem Ziele unterordnen. Marx hatte gesehen, daß die Ausbeutung des Menschen untrennbar mit der Ausbeutung der Natur verbunden ist.

Ihrer inneren Logik nach ist also die Verantwortung des wirtschaftlichen Eigentümers eine private, die mit sozialer Verantwortlichkeit wenig gemein hat.

Betrachten wir jetzt den anderen, heute sehr viel häufigeren Fall, in dem aus dem aktiv leitenden Besitzer ein stiller Aktionär geworden ist. Anstelle eines gegenständlichen Eigentums, das der Besitzer zu leiten und zu verantworten hat, ist ein Stück Papier getreten, das gewisse Rechtsansprüche und Gewinnerwartungen an ein Unternehmen repräsentiert. Wie ist wohl die Haltung dieses Besitzers gegenüber seinem Eigentum?

In seinem Buch »Der moderne Mensch und seine Zukunft« gibt Erich Fromm die Antwort: »Es ist die der beinahe völligen Entfremdung. Sein Besitzrecht besteht in einem Stück Papier, das einen gewissen schwankenden Geldwert darstellt; er hat keine Verantwortung für das Unternehmen und keinerlei konkrete Beziehung dazu.« Wenn schon ein leitender Besitzer unter den Bedingungen unserer Wirtschaft keine gesellschaftliche Verantwortlichkeit für den Produktions- und Arbeitsprozeß entwickeln kann, wie soll dies einem passiven Aktionär gelingen?

Gesamteigentümer Staat im Realsozialismus

Das wirtschaftliche Privateigentum, dieses Fazit läßt sich hier schon ziehen, behindert auf allen Ebenen des Produktionsprozesses – bei den Kapitaleignern wie bei den Arbeitnehmern – die Entwicklung einer gesellschaftlichen Verantwortlichkeit in der Arbeit. Doch die Arbeitsrealität in den sozialistischen Ländern, die das Privateigentum an den Produktionsmitteln beseitigt haben, bezeugt, daß es nicht allein am wirtschaftlichen Privateigentum liegen kann, wenn sich diese Verantwortlichkeit nicht entwickelt. Die unmittelbare Arbeitssituation ist dort nicht wesentlich anders als in den kapitalistischen Ländern. Die Struktur der realsozialistischen Betriebe ist ebenfalls streng hierarchisch und leistungsorientiert, Produktivitätssteigerung ist auch dort das Credo allen Wirtschaftens.

In ständiger Erinnerung ist mir der Moment, in dem ich

zum erstenmal in einem realsozialistischen Land eine Fabrik betrat, und zwar eine Getränkefabrik. Der Betrieb war weitgehend automatisiert. Die Arbeitnehmer, überwiegend Frauen, hatten nach dem vorgegebenen Zeittakt der Maschinen einfache Arbeiten zu verrichten. Wie weit entrückt war dieser Anblick dem kommunistischen Ideal des sich im Arbeitsprozeß verwirklichenden Menschen!

Zwar können die politischen Vertreter der realsozialistischen Staaten darauf verweisen, und das soll nicht gering bewertet werden, daß diese Arbeitnehmer nicht in der Gefahr leben, arbeitslos zu werden. An der Tatsache aber, daß dem Ziel Produktionssteigerung das Ideal des sich in der Arbeit verwirklichenden Menschen geopfert wurde, ändert dies nichts. Die zu Beginn unseres Jahrhunderts von dem Amerikaner F. W. Taylor entwickelte Methode der wissenschaftlichen Zerlegung des Arbeitsprozesses fand, wie bereits erwähnt, Lenins Zustimmung.

Unter dem beschönigenden Namen »wissenschaftliche Arbeitsorganisation« (wAO) werden solche Methoden in verfeinerter Form auch heute noch überall im Realsozialismus angewendet. Der Unterschied zum kapitalistischen Westen besteht darin, daß an die Stelle des individuellen privaten Besitzers der Produktionsmittel oder an die Stelle der gesamten Aktionäre jetzt als Gesamteigentümer der Staat getreten ist.

In seinem Buch »Die Alternative« hat Rudolf Bahro das realsozialistische Wirtschaftsmodell aus eigener Kenntnis analysiert. Bahro ist der Ansicht, daß sich in ihm die Grundeinstellung der unmittelbaren Produzenten zu »ihrem« Staat bis heute nicht wesentlich unterscheide von der der Arbeiter im Kapitalismus zu »ihrem« Konzern. Der Lohn sei in den Ländern des realen Sozialismus nichts anderes als der vom Aneigner Staat gezahlte Preis der Ware Arbeitskraft. In dem System der bürokratisch zentralistischen Planung hätten die Menschen vom Prinzip her nicht selber Aufgaben zu suchen oder Probleme zu erkennen, sondern sie würden ihnen von der bürokratischen Leitung verpflichtend zugewiesen.

Mithin liegt auch dem realsozialistischen Arbeitsprozeß die Tendenz zugrunde, den arbeitenden Menschen zu entmündigen, ihn aller Verantwortlichkeit zu enteignen. Dies gilt für Ausführende wie für Leitende. Die Verantwortung des leitenden Eigentümers unter den kapitalistischen Bedingungen der scharfen Konkurrenz ist auf Produktivitätssteigerung und Gewinnmaximierung gerichtet, die des leitenden realsozialistischen Wirtschaftsfunktionärs auf Planerfüllung.

Für die Erstellung der Wirtschaftspläne ist die Kommunistische Partei die letztverantwortliche Instanz. Da aber diese zur rigiden bürokratischen Nomenklatur verkrustete Partei vor allem das Instrument zur Sicherung der eigenen Herrschaft geworden ist, entwickelt sie hinsichtlich des eigentlichen Arbeitsprozesses kein wesentlich größeres gesellschaftliches Verantwortungsbewußtsein als die Aktionärsversammlung eines kapitalistischen Unternehmens. Rudolf Bahro hat das bürokratische Wirtschaftssystem des real existierenden Sozialismus als »organisierte Verantwortungslosigkeit« bezeichnet – ein System, das von dem gleichen Produktionswahn wie der Kapitalismus befallen sei.

In der marxistischen Fortschrittstheorie wird das kapitalistische Produktionssystem als die notwendige geschichtliche Vorstufe des Sozialismus verstanden. Demnach gehen die Strukturen des kapitalistischen Arbeitsprozesses in die sozialistische Gesellschaft mit ein. Dies gilt in erster Linie für die gesellschaftliche Arbeitsteilung. Die für die Arbeitsteilung getroffene Feststellung, daß der einzelne den gesamten Fertigungsprozeß, an dem er mitwirkt, nicht mehr überschauen und deshalb dafür kein Verantwortungsbewußtsein entwickeln kann, trifft selbstverständlich auch auf die realsozialistische Arbeitsteilung zu. Nach Bahro hat die Trennung von Hand- und Kopfarbeit in den Ländern des realen Sozialismus zu einer neuen Klassenspaltung geführt: auf der einen Seite die große Masse, die die subalterne Arbeit besorgt, auf der anderen die mit der Leitung betrauten wenigen Bevorrechtigten.

Die Akkumulation des Kapitals

Stephen A. Marglin, Professor für Volkswirtschaftslehre an der Harvard-Universität, hat vor einigen Jahren die These aufgestellt, daß die sozialistischen Länder keine egalitären Formen der Arbeit verwirklichen könnten, weil sie in dem Bestreben, die kapitalistischen zu »überholen«, genau wie diese die Akkumulation des Kapitals überbetonten. (Akkumulation des Kapitals bedeutet die Ausdehnung der Produktionsstätten durch Re-Investition eines beträchtlichen Teils des erwirtschafteten Gewinns in neue Produktionsmittel, in technische Neuerungen.) Infolge dieser Priorität der Kapitalakkumulation mußte der Sozialismus, was das Verhältnis des Menschen zu seiner Arbeit anbelangt, die Fehler des Kapitalismus wiederholen.

Die Entwicklung des Kapitalismus ist laut Marglin folgende: In der Feudalwirtschaft mit ihrem Zunftwesen hätten Arbeit und Kapital in getrennten Händen gelegen. Weil aber das menschliche Individuum im allgemeinen aufgrund seines hohen Konsumbedarfs nicht zur Sparksamkeit neige, hätte der Kapitaleigner den Arbeitern die Kontrolle über den Produktionsprozeß und die Produkte ihrer Arbeit entziehen müssen, um die für Re-Investitionen erforderlichen Gewinne zu erzielen; er hätte dem Arbeiter die Möglichkeit nehmen müssen, nach eigenem Gutdünken zu arbeiten und zu produzieren. Fortan wären diese Arbeitsbedingungen nicht mehr den Bedürfnissen des einzelnen angepaßt gewesen, sie waren fremdbestimmt. Solche organisatorischen Umwälzungen hätten einzig den Sinn gehabt, dem Kapitaleigner auf Kosten der Arbeitnehmer einen größeren Anteil am Ertrag zu sichern.

Dies gelte ebenso für die sozialistische Wirtschaft. Dabei handle es sich nicht um mangelndes historisches Bewußtsein oder Unkenntnis der Geschichte, sondern um die bewußte und freiwillige Übernahme der kapitalistischen Produktionsweise. Die Vertreter des sowjetischen Weges beispielsweise rechtfertigen ihn mit dem Argument, die Armut in der Sowjetunion sei zu groß gewesen, um Probleme jenseits der Akkumulation zu bedenken. Es ist in der Tat nicht zu bestreiten, daß infolge der Ausdehnung und Neuerung der Produktionsstätten auch der Gesamtausstoß wuchs, wovon die Arbeiter selber Vorteile hatten.

Ebenso ist aber nicht zu bestreiten, daß die kontinuierliche Akkumulation nicht nur auf Kosten der Arbeiter erfolgte, denen der re-investierte Gewinn vorenthalten wurde, sondern auch auf Kosten der Natur. Sie wurde im Tempo der fortschreitenden Akkumulation mehr und mehr ausgebeutet. Die Ausbeutung der Natur und die Ausbeutung des Menschen sind eben nicht voneinander zu trennen.

In der Umkehrung besagt die These Marglins, daß weitaus weniger Gewinn in die Ausdehnung der Produktionsstätten und in technische Neuerungen re-investiert worden wäre, hätten die Arbeiter selber das Tempo der Kapitalakkumulation bestimmen können. Demnach hätte die Selbstbestimmung des Menschen in seiner Arbeit nicht nur zur Folge, daß die Ausbeutung des Menschen durch den Menschen aufhören würde, sondern auch, daß die Ausbeutung der Natur durch den Menschen eingeschränkt würde.

So wie sich in der industriellen Gesellschaft Strukturen der vorindustriellen Gesellschaft gehalten haben, wirken auch in der realsozialistischen Wirtschaft Strukturen der kapitalistischen Wirtschaftsordnung fort. Zu Beginn des vergangenen Jahrhunderts waren sich die ersten Theoretiker der modernen Industriegesellschaft noch der Ähnlichkeit zwischen der herkömmlichen, militärischen und der sich vor ihren Augen entfaltenden, neuen industriellen Ordnung bewußt – sei es auch nur deshalb, weil man in Zeiten des Umbruchs stets das Neue am Alten mißt. Strenge Hierarchie und permanenten Expansionsdrang konstatierte der Philosoph Auguste Comte als wesentliche Merkmale der Ähnlichkeit von industrieller und militärischer Ordnung.

Eine militärische Ordnung stand auch der realsozialistischen Staatswirtschaft Modell. Erstmals in der Geschichte lenkte zwischen 1914 und 1918 eine staatliche Instanz die gesamte Wirtschaft eines modernen Staats: Die auf Kriegsproduktion umgestellte Wirtschaft des Deutschen Reiches war seiner Obersten Heeresleitung unterstellt. Lenin und Trotzki sahen in der deutschen Kriegswirtschaft ein Vorbild für die sozialistische Staatswirtschaft. Welch ein Irrtum, die Sozialisierung der Wirtschaft mit ihrer Militarisierung zu verwechseln! Humanisierung der Arbeit ist ohne Demokratisierung der Wirtschaft nicht denkbar, und Demokratisierung der Wirtschaft heißt, die dem Wesen nach militärischen Herrschaftsstrukturen zu überwinden.

Verstaatlichung fördert nicht die gesellschaftliche Verantwortung

Die Verstaatlichung einzelner Betriebe wird in unserem Wirtschaftssystem immer dann gefordert, wenn hohe Verluste entstehen und private Kapitaleigner ihrer Verantwortung nicht mehr gerecht werden. Sie ist in solchen Fällen im Hinblick auf die Beschäftigten oft unvermeidlich, und sie sollte um neue Formen der Mitbestimmung und Beteiligung ergänzt werden. Im folgenden geht es nicht um die Verstaatlichung einzelner Betriebe, sondern um die Verstaatlichung der gesamten Wirtschaft.

Historisch betrachtet war die Forderung nach Verstaatlichung der Wirtschaft eher eine Forderung der rechten als der linken Sozialdemokratie. Friedrich Engels kritisierte schon in einem Brief an Eduard Bernstein vom 8. Februar 1883 die »Verstaatlichungssucht« einiger Sozialdemokraten. Die wenigen Aussagen, die von Marx zur konkreten Organisation einer sozialistischen Gesellschaft überliefert sind, machte er im Zusammenhang mit der Pariser Kommune von 1871. Indem er sie als eine Revolution gegen den Staat, als einen Großangriff gegen die parasitäre staatliche Bürokratie wertet, mißt er ihr einen modellhaften Charakter hinsichtlich der klassenlosen Gesellschaftsorganisation der Zukunft bei.

Demnach wäre der Geist des sozialistischen Gemeinwesens mehr in einem System der Arbeiterselbstverwaltung als in einem der Staatswirtschaft zu suchen. Linkssozialisten, Rätekommunisten, Anarchosyndikalisten und wer sonst auch immer sich in der Vergangenheit zum linken Flügel der deutschen Arbeiterbewegung bekannte, wurden nicht müde zu betonen, daß die geforderte Vergesellschaftung der Produktionsmittel keineswegs mit der Verstaatlichung der Wirtschaft identisch sein könne. Die Entwicklung des realen Sozialismus hat ihnen recht gegeben. Die Hoffnung, daß der entmündigte Mensch durch die Verstaatlichung der Wirtschaft wieder in die Verantwortung gesetzt werden könne, hat getrogen. Eine Vergesellschaftung der Produktionsmittel ohne die politische und betriebliche Demokratisierung der Entscheidungsprozesse, ohne die Garantie der Menschen- und Bürgerrechte, ändert so gut wie nichts an den Herrschafts- und Ausbeutungsverhältnissen. Es wechseln nur die Machteliten.

Erst wenn der Mensch in der Auseinandersetzung mit der Natur – in der Arbeit – wieder eine echte, gesellschaftliche Verantwortlichkeit entwickeln kann, wird sich bei ihm wieder ein anderes Naturverständnis ausbilden. Die Maschine ist gleichgültig gegenüber den Stoffen, die sie umformt. Durch die extreme Arbeitsteilung ist dem Menschen, der im Arbeitsprozeß passiv und austauschbar gemacht worden ist, der natürliche Gegenstand seiner Arbeit ebenfalls fremd geworden. Mit der privaten Besitzergreifung der Natur ist die arbeitende Masse entmündigt, aller Verantwortlichkeit enteignet worden. Verstaatlichung ändert daran nichts.

Das Recht auf Faulheit

Wenn Verantwortlichkeit die Freiheit der Entscheidung voraussetzt, dann setzt verantwortungsbewußte Auseinandersetzung mit der Natur die Selbstbestimmung des Menschen in der Arbeit voraus. Die vorhandene industrielle Arbeit ist keine selbstbestimmte Arbeit. Wer also die Selbstbestimmung des Menschen in der Arbeit verlangt, wird die Bedingungen der industriellen Arbeit ändern müssen. Das sind in den kapitalistischen Ländern die privaten wirtschaftlichen Eigentumsverhältnisse; das sind in den realsozialistischen Ländern die parteibürokratischen Herrschaftsverhältnisse; das ist in beiden die Privilegierung der »Kopfarbeit« gegenüber der »Handarbeit«. Sowohl in der sozialstaatlich-demokratisch wie auch in der staatssozialistisch verfaßten Arbeits- und Gesellschaftsordnung ist die Privilegierung der geistig lenkenden Arbeit in ihrer jetzigen Form ein inhumanes, sachlich nicht mehr gerechtfertigtes Element.

Kein anderer Theoretiker der Arbeiterbewegung hat seine Kritik an der Inhumanität der industriellen Arbeit so unkonventionell und so radikal vorgebracht wie der Franzose Paul Lafargue, ein Schwiegersohn von Marx. Sein kleines, vor einem Jahrhundert erschienenes Pamphlet über »Das Recht auf Faulheit« ist bis heute ein Stein des Anstoßes geblieben. Indes, Lafargue war alles andere denn ein Reaktionär, stand er doch selber an der Spitze einer sozialistischen Arbeiterpartei. Mit seiner polemischen Verkehrung des Rechts auf Arbeit in ein Recht auf Faulheit wollte er sagen, daß der Mensch nicht bloß ein Recht auf seine nackte Existenz habe, sondern weit mehr – das Recht zu leben; er wollte sagen, »daß die Maschine der Erlöser der Menschheit ist, der Gott, der den Menschen von ... der Lohnarbeit loskaufen ... wird«. Lafargue war sich darüber im klaren, daß in einer hochentwikkelten Industriegesellschaft ein gewisses Maß an gesellschaftlicher Arbeit notwendigerweise geleistet werden muß. Aber er glaubte, daß der technische Fortschritt es erlauben werde, diese notwendige Arbeit auf ein Minimum von etwa drei Stunden pro Tag zu reduzieren.

Unwillkürlich erinnert man sich hier an die bereits erwähnte These von Oswald von Nell-Breuning, daß für die Deckung des gesamten Bedarfs an Konsumgütern ein Tag Arbeit in der

Woche mehr als ausreichen würde. Lafargue war darüber empört, daß die internationale Arbeiterbewegung das Recht auf Arbeit forderte, ohne die militärisch-hierarchische, arbeitsteilige Organisation der Arbeit in Frage zu stellen. Indem sie die Arbeit heilige, so argumentierte er, festige die Arbeiterklasse subjektiv die eigene Unterdrückung, die eben deshalb so schwerlich zu beseitigen sei.

Von der deutschen Sozialdemokratie und den leninistischen Parteien wurde diese These lange Zeit als Provokation empfunden. Doch Lafargue hatte mit ihr gar nicht so unrecht. Später zeigte Max Weber in seinen Abhandlungen über »Die protestantische Ethik« auf, wie sehr die Entfaltung des Kapitalismus jener Heiligsprechung der Arbeit bedarf, die sich in der Überzeugung äußert, daß der Mensch zum alleinigen Ruhme Gottes arbeite.

Schon im 19. Jahrhundert pries die deutsche Sozialdemokratie – allen voran der Arbeiterphilosoph Joseph Dietzgen – den technischen Fortschritt, und zwar in erster Linie wegen der ungeahnten Möglichkeiten der Produktivitäts- und Produktionssteigerung, die er den Menschen eröffne und in deren Folge auch der allgemeine Lebensstandard ansteige. Ganz anders dachte Lafargue. Das Recht auf Arbeit erschien ihm als die schrillste Stimme im Chor der »ekelerregenden Loblieder auf den Gott Fortschritt, den ältesten Sohn der Arbeit«. Lafargue pries einen anderen »Gott Fortschritt« als die deutsche Sozialdemokratie – nicht einen, der den Menschen materiellen Wohlstand schenken, sondern einen, »der ihnen Muße und Freiheit bringen wird«. Denn die Faulheit ist »die Mutter der Künste und der edlen Tugenden«.

Während Dietzgen und die Sozialdemokraten auf die Steigerung der Produktion setzten, war für Lafargue immer die schöpferische, selbstbestimmte Tätigkeit des Menschen eine Hoffnung. Seine Vision des Fortschritts, die das »glückliche« Leben der Naturvölker als Ziel propagiert – gleichsam Rückkehr ins verlorene Paradies –, offenbart bei aller Romantik ein Naturverständnis, das dem ausbeuterischen Naturverständnis der anderen überlegen war. Deshalb ist Paul Lafargue wieder so aktuell.

Angesichts der Roboter, die den Menschen heute mehr und mehr aus dem Arbeitsprozeß drängen, ist die Vision eines Dreistundentags nicht mehr utopisch. Auch die Arbeitssucht, die Lafargue so geißelte, schwindet mehr und mehr; ein Ergebnis des Wertewandels, von dem bereits die Rede war.

Sozialistische Theoretiker wie André Gorz knüpfen an die These Lafargues an, wenn sie statt der Befreiung der Arbeit die weitgehende Befreiung von der Arbeit fordern. Gorz ist der Meinung, daß sich beim heutigen Stand der Arbeitsteilung im notwendigen, gesellschaftlichen Arbeitsprozeß die Entfremdung des Menschen nicht mehr beseitigen ließe, und deshalb fordert er, das Ausmaß der notwendigen Arbeit zu reduzieren. Wo immer möglich, solle der formelle Sektor der Wirtschaft automatisiert und die formelle Arbeitszeit herabgesetzt werden, damit der Mensch die Zeit gewinne, sich in seiner informellen Tätigkeit zu verwirklichen.

In seinem Aufsatz zum Thema »Arbeit und Menschenwürde« hat Johano Strasser auf die Gefahren einer solchen Automatisierung des formellen Sektors der Wirtschaft aufmerksam gemacht: »Ist eine Gesellschaft, die in jeder Hinsicht vom Funktionieren einer vollautomatisierten Wirtschaft abhängt, überhaupt noch demokratisch organisierbar? Führt die totale Abhängigkeit von einer komplizierten und höchst risikoträchtigen Apparatur nicht dazu, daß über einer solchen Gesellschaft permanent die Drohung eines allgemeinen Notstands liegt? ... Die Befreiung von der Arbeit ... müßte allzu teuer erkauft werden. Es hat den Anschein, als sei sie nur um den Preis der Selbstentmachtung des Menschen und der totalen Kontrolle des Lebens zu haben.« Wer die Selbstbestimmung des Menschen will, darf die formelle, notwendige gesellschaftliche Arbeit nicht an Roboter abtreten. Vielmehr muß er versuchen, diese Arbeit so zu gestalten, daß sie den Ansprüchen der menschlichen Persönlichkeit gerecht wird.

Die Humanisierung der Arbeit

Die Humanisierung der Arbeit ist ein zweigleisiger Prozeß. Zum einen muß die Demokratisierung der Wirtschaft die Entfremdung in der Arbeit soweit es geht aufheben; hierzu ist erforderlich ein Ausbau der Mitbestimmung, die auf die Wurzeln der wirtschaftlichen Entfremdung im Privateigentum an den Produktionsmitteln zielt. Zum anderen aber muß auch die industrielle Arbeit selber, solange sie noch die vorherrschende Form der produktiven gesellschaftlichen Arbeit ist, »humanisiert«, vermenschlicht werden; hierzu ist es erforderlich, in der Arbeit Spielräume zu gestalten, in der sich die menschliche Persönlichkeit entfalten kann.

Es ist sicherlich richtig, jene Arbeitsvorgänge soweit wie möglich zu mechanisieren oder zu automatisieren, die den Menschen physisch oder psychisch belasten. Wo aber Automatisierung den Menschen entmündigt, entwertet, wo Rationalisierung die Würde des Menschen, seine Persönlichkeit angreift, kann Humanisierung schlicht und einfach bedeuten, zugunsten der menschlichen Arbeitskraft auf technische Möglichkeiten zu verzichten. Es ist ein alter Hut, daß sich in einem Betrieb nicht nur technische Fortschritte, sondern auch die Verbesserung der Arbeitsbedingungen produktionssteigernd auswirken. Die Verwendung des Arbeiters als Einzweckmaschine ist unter dem Aspekt der Wirtschaftlichkeit keineswegs sinnvoll. Bei den gegenwärtigen industriellen Arbeitsbedingungen, die durch Arbeitsintensivierung und Arbeitsrationalisierung gekennzeichnet sind, wird ständig mißachtet, daß der arbeitende Mensch mit Vernunft und Phantasie begabt ist; sie wecken in ihm das Gefühl der Austauschbarkeit, zerstören seine Identität.

Eine Arbeit, die den menschlichen Bedürfnissen gerecht werden will, muß so gestaltet werden, daß sie das Selbstbewußtsein, das Selbstwertgefühl des Arbeitenden steigert. Seine Aufgabenbereiche müßten erweitert und vielfältiger werden. Damit sich der einzelne mit seiner beruflichen Arbeit identifizieren kann, muß soweit wie möglich sichergestellt werden, daß er frei ist, Ausbildung und Beruf nach der jeweiligen Befähigung und Begabung zu wählen.

Der technische Fortschritt der Datenverarbeitung verstärkte die Möglichkeit, Verhalten und Leistungsfähigkeit der Arbeitnehmer zu kontrollieren, eine Entwicklung, die ebenfalls dazu beigetragen hat, die Arbeitsbedingungen zu verschlechtern. Eine Verschärfung der Datenschutzgesetzgebung kann allerdings nur dann wirksam sein, wenn sie durch die Ausweitung der betrieblichen Mitbestimmung ergänzt wird. Im großen und ganzen käme es bei der Humanisierung der Arbeit darauf an, seelenlose, persönlichkeitszerstörende Arbeitsvorgänge zu vermeiden und statt dessen persönlichkeitsfördernde zu suchen. Gerhard Leminsky hat 1975 die Anforderungen, die an eine humanere Arbeitsorganisation zu stellen sind, folgendermaßen zusammengefaßt:

1. Eine befriedigende Tätigkeit sollte unterschiedliche Fähigkeiten und Fertigkeiten des einzelnen aktivieren. Die Einzelaufgaben sollten sinnvoll zusammengesetzt sein und den Arbeitnehmer in die Lage versetzen, einen eigenen Arbeitsrhythmus aufzubauen.

2. Jede Arbeit sollte so strukturiert sein, daß der Arbeitende aus seinen Aufgaben etwas lernt, seine Kenntnisse erweitert und damit allgemein seine Lernfähigkeit wachhält.

3. Jeder braucht einen Mindestraum für eigene Entscheidungen. Er muß Möglichkeiten zur Kontrolle seiner Arbeitsergebnisse erhalten. Dabei muß er an der Festlegung der Standards beteiligt sein, die er einzuhalten hat.

4. Die Arbeit soll ineinandergreifende Aufgaben, Arbeitsplatzwechsel und soziale Kontakte bieten, damit die einzelnen sich gegenseitig informieren, helfen und unterstützen können.

5. In jeder Arbeit sollen Qualifikationen wie Sorgfalt, Geschicklichkeit und Kenntnisse enthalten sein, die auch in der Gesamtgesellschaft geschätzt werden.

6. Jede Tätigkeit beziehungsweise jede Arbeitsgruppe

sollte einen merklichen Beitrag zum Nutzen des Produkts für den Konsumenten leisten.

7. Letztlich sollte jede Arbeit mit Hoffnungen auf zukünftige, gleichbleibende Einkommenserhöhungen, die Ausweitung der Kenntnisse und die Möglichkeiten des Aufstiegs verbunden werden können.

Der Entwicklung einer solidarisch-gesellschaftlichen Verantwortlichkeit des Menschen im Arbeitsprozeß stehen – so lautet unsere These – der Privatbesitz an den natürlichen Produktionsmitteln, eine extreme, mechanische Arbeitsteilung und die Trennung von Hand- und Kopfarbeit entgegen. Unter dem Stichwort Humanisierung der Arbeit haben wir uns bisher mit Vorschlägen befaßt, die darauf abzielen, die Entfaltungsräume für den arbeitenden Menschen zu erweitern. Es handelt sich dabei überwiegend um Vorschläge, die die negativen Folgen der mechanisierten Arbeitsteilung mildern wollen.

Wirtschaftliches Eigentum

Nun zur Problematik von Selbstbestimmung und wirtschaftlichem Eigentum. Wäre das Eigentum an der Natur und an den naturbedingten Produktionsmitteln kein Hemmschuh für die freie Entfaltung der menschlichen Persönlichkeit, für die verantwortliche Verwirklichung des menschlichen Wesens in der Auseinandersetzung mit der Natur, dann entfiele der legitime Grund, es einzuschränken. Wann immer die konservativen Gegner der erweiterten Mitbestimmung ihre Ablehnung grundsätzlich begründen, ist dies ihr Hauptargument: Die Mitbestimmung verstoße gegen die legitimen Prinzipien der bestehenden Wirtschafts- und Gesellschaftsordnung, weil sie die Verfügungsfreiheit der Privateigentümer und ihrer Beauftragten einschränke.

Es ist zweifellos richtig, daß die Mitbestimmung ein weiterer Schritt im Prozeß der Auflösung des Privateigentums an den Produktionsmitteln ist, die mit der Legalisierung der Gewerkschaften und der Tarifverträge, der Einführung des Arbeitsrechts und der Übernahme gesamtwirtschaftlicher Stabilisierungsaufgaben durch den Staat begann. Nur sind die Prinzipien der bestehenden Wirtschafts- und Gesellschaftsordnung wirklich so legitim, wie es uns die Gegner der erweiterten Mitbestimmung weismachen wollen?

Vor Jahren hat Helge Pross in ihrem Buch »Kapitalismus und Demokratie« in einem bemerkenswerten Aufsatz das Thema »Mitbestimmung und Privateigentum« erörtert und die Argumente zusammengefaßt, mit denen die Konservativen das wirtschaftliche Eigentum legitimieren. Sie schreibt: »Das Privateigentum gilt ihnen als legitim, weil es Grundlage und Garant einer freien Gesellschaft und persönlicher Freiheit sei; weil es wirtschaftlichen Fortschritt verbürge; und weil es erzieherisch oder versittlichend wirke«, indem es die Eigeninitiative wecke, die Selbstverantwortung stärke und die persönliche Entfaltung gewährleiste. Doch diese Art von Selbstverantwortung hat den Schönheitsfehler, daß sie nur für wenige gilt und der Mehrheit nicht zugebilligt wird. In einer demokratischen Gesellschaft, in der die übergroße Mehrheit keine Produktionsmittel besitzt, lassen sich die Privilegien einer besitzenden Minderheit durch das Argument, sie wirkten persönlichkeitsbildend auf die Privilegierten, nicht als gesellschaftlich nützlich legitimieren. Ohne sozialen Bezug wirkt Eigentum oft persönlichkeitsverbildend.

In der frühen liberalen Gesellschaftstheorie gaben die oben angeführten Argumente noch Sinn. Das private, weder durch obrigkeitsstaatliche noch durch traditionelle oder religiöse Vorschriften beschränkte Eigentum war tatsächlich ein Instrument des wirtschaftlichen Fortschritts, ein Ferment auch der Auflösung der feudalen Ordnung und der Herstellung der staatsbürgerlichen, politischen Freiheit. Für die Väter des Liberalismus war das Privateigentum einzig wegen dieser für die ganze Gesellschaft nützlichen Konsequenzen legitim. Aber heute sind derartige Legitimationskriterien fragwürdig und von der Geschichte selber außer Kraft gesetzt worden. Wäre das wirtschaftliche Privateigentum tatsächlich der Garant einer freien Persönlichkeit in einer freien Gesellschaft, dann hätte es nicht ein nationalsozialistisches Deutschland gegeben. Ein Teil der deutschen Großindustriellen verhalf Hitler zur Macht, um seine aus dem Privateigentum an den Produktionsmitteln resultierenden Privilegien durch einen starken Staat abzusichern. In Deutschland bildet also das wirtschaftliche Privateigentum zeitweilig die Grundlage für die Zerstörung der gesellschaftlichen Freiheit. Ähnliches läßt sich weltweit von vielen Militärdiktaturen sagen.

Längst ist auch der wirtschaftliche Fortschritt nicht mehr an die Eigentumsformen gebunden. Es ist nicht zu leugnen, daß die durch Gewinnaussicht angefachte Eigentümerinitiative ein Motor der mittelständischen Wirtschaft ist. Und es steht außer Frage, daß wir auf eine leistungsstarke, florierende mittelständische Wirtschaft angewiesen sind, um unsere Konsumbedürfnisse zu befriedigen. Der wirtschaftliche Fortschritt aber, die technologischen und produktiven Neuerungen von Bedeutung, finden kaum in ihr statt. Dort ist gar nicht das Kapital vorhanden, das nötig ist, um die großen Laboratorien zu finanzieren, in denen der wirtschaftliche und technologische Fortschritt heute gebraut wird. Für die modernen Konzerne hat die These, daß der wirtschaftliche Fortschritt von den Eigentümerinitiativen abhängig sei, überwiegend nur noch historischen Wert.

Wären die Argumente richtig, mit denen die konservativen Gegner der Mitbestimmung die kapitalistische Privatwirtschaft legitimieren, dann wäre die erweiterte Mitbestimmung eine Bedrohung für alle Staatsbürger. Sie sind es aber nicht. In der liberalen Gesellschaftstheorie legitimiert sich das wirtschaftliche Privateigentum nur durch den von ihm erzeugten gesellschaftlichen Nutzen: die gesellschaftliche und persönliche Freiheit, der wirtschaftliche Fortschritt. Erzeugt das wirtschaftliche Eigentum diesen Nutzen nicht mehr, verliert es nach Maßgabe der liberalen Gesellschaftstheorie seine gesellschaftliche Legitimation; übrig bleibt nur noch seine Legalität. Diese aber ist Sache des Gesetzgebers. Somit wird die Eigentumsfrage zu einem rein politischen Problem.

Vielmehr kann die liberale Gesellschaftstheorie dazu herangezogen werden, die gebotene Neuverteilung des Eigentums an Produktivvermögen zu begründen. So wie die Neuverteilung des Eigentums ein Ferment der Auflösung der feudalen Ordnung und der Herstellung der bürgerlichen Freiheit war, so ist die gerechtere Verteilung des Produktivvermögens das Ferment zur Auflösung der Konzernherrschaft und zur Wiederherstellung der Verantwortlichkeit des Arbeitnehmers im Arbeitsleben. Der leider zu früh verstorbene Karl-Hermann Flach hat dies Anfang der siebziger Jahre so formuliert: »Heute sehen wir noch viel klarer, daß Privateigentum an Produktionsmitteln und Marktfreiheit zu einer immer größeren Ungleichheit führten, welche die Freiheit der großen Zahl gegenüber der Freiheit kleiner Gruppen unerträglich einschränkt. Die Vermögenskonzentration in den westlichen Industriegesellschaften führt selbst bei wachsendem Lebensstandard und steigender sozialer Sicherung der lohnabhängigen Massen zu einer Disparität, welche der Begründung der Besitzverhältnisse mit dem Begriff der persönlichen Freiheit jede Grundlage entzieht. Das Problem des Kapitalismus besteht nicht darin, daß Unternehmer Gewinne erwirtschaften und entnehmen, sondern darin, daß die ständig notwendige Re-Investition des größten Teiles der Gewinne nicht nur moderne Produktionsanlagen und Arbeitsplätze schafft, sondern eine ständige Vermögensvermehrung in der Hand der Vorbesitzer der Produktionsmittel.«

Das marktwirtschaftliche Prinzip

Vielfach hört man den Einwand, die kapitalistische Privatwirtschaft sei, was die Leistungsfähigkeit anbelangt, dem osteuropäischen System derart überlegen, daß wohl doch ein

Kausalzusammenhang zwischen wirtschaftlichem Eigentum und Wirtschaftswachstum vermutet werden kann. Diese Argumentation ist falsch.

Den wirtschaftlichen Fortschritt verbürgt heute noch am ehesten eine staatlich überwachte Marktwirtschaft. »Dieses Prinzip ist aber nicht unlösbar mit der Institution des Privateigentums verknüpft«, schreibt Helge Pross. »Denkbar ist eine Marktwirtschaft, in der die von den einzelnen Unternehmungen verwerteten Produktionsmittel nicht wirkliches Privateigentum, nicht fungierendes Individualeigentum, sondern ähnlich wie in dem von Managern gesteuerten Unternehmen Eigentum größerer Gruppen sind – etwa gemeinsames Eigentum aller, die jeweils in einem Unternehmen arbeiten.

Damit bliebe die marktwirtschaftliche Verfassung, nicht aber das Privateigentum an Produktionsmitteln bestehen. Wirtschaftlicher Fortschritt wäre, soweit er vom Mechanismus der Marktwirtschaft abhängig ist, auch weiterhin garantiert, doch würde er nicht jene Ungleichheiten mit sich bringen, die das Privateigentum nach wie vor bedingt. Sofern Eigentum an Produktionsmitteln durch die Gewinnaussicht tatsächlich zu wirtschaftlich schöpferischen Initiativen motiviert, könnte der Effekt dieser Wirkungen sich sogar erhöhen, wenn die Produktionsmittel Besitz aller im Unternehmen Beschäftigten wären.

Wenn es gelänge, Formen der Kapitalbeseitigung zu finden, die den Beschäftigten den Zusammenhang von eigenem Mehreinkommen und eigener Initiative durchsichtig machen, so würde der Kreis der an Erneuerungen direkt Interessierten sich vergrößern und die heute weitgehend brachliegende wirtschaftliche Phantasie der Eigentumslosen dem Unternehmen, das heißt: sowohl seinen (neuen) Eigentümern als auch der Gesamtwirtschaft zugutekommen. Die Masse der heutigen Aktionäre kann keine produktiven Anregungen geben. Anders die Arbeiter und Angestellten des Unternehmens. Ihre sachliche Kompetenz für Belange der Firma, in der sie tätig sind, übertrifft die des typischen Aktionärs.«

Ebenso deutlich analysiert das Karl-Hermann Flach: »Die starke Antriebskraft des Kapitalismus liegt vorwiegend nicht im Privateigentum, sondern im größtmöglichen Wettbewerb selbständiger Produktionseinheiten und Handelspartner. Auch da, wo das Eigentum bei den großen Kapitalgesellschaften nicht mehr den Ausschlag gibt, wo also Eigentum an Produktionsmitteln und Verfügungsgewalt über dieses Eigentum in verschiedenen Händen liegen, bleiben die Antriebskräfte erhalten, solange Wettbewerb besteht. Wettbewerb läßt sich bei verschiedenen Eigentumsformen organisieren. Und Wettbewerb wird auch bei totalem Privateigentum ohne Staatseingriffe erstickt.

Der unkorrigierte freie Wettbewerb privater Produzenten und Händler erhöht ständig die Ungleichheit in der Vermögensverteilung, weil sich nach dem geheimnisvollen Prinzip des Kapitalismus Vermögen immer dort vorwiegend weiter ansammelt, wo schon welches vorhanden ist. Die Besitzverhältnisse verfestigen sich mit der Zeit so, daß die in Gründerzeiten gegebene Gleichheit der Startchance nach und nach verschwindet bzw. auf das Wahrnehmen weniger Außenseiterchancen beschränkt bleibt. Weil diese Art von Freiheit totale Ungleichheit produziert, erzeugt sie auch ein System von Unfreiheiten bei der Mehrheit.«

Selbstbestimmung und Mitbestimmung

Einmal abgesehen von der Eigentumsform, ließe sich – zum Vorteil des Ganzen – die sachliche Kompetenz, von der Helge Pross spricht, in gewissem Maße auch über eine erweiterte Mitbestimmung aktivieren. Vor allem in Skandinavien wurden Mitte der siebziger Jahre Versuche unternommen, die Sachkompetenz und die Innovationsfähigkeit der Arbeitnehmer für den Produktionsprozeß nutzbar zu machen. Das Beispiel eines schwedischen Automontagewerks ist weltweit bekannt geworden. Dort wurde das Fließband durch neuentwickelte Transportplattformen ersetzt. Die Arbeitsplätze wurden gruppenweise in werkstattähnlichen, durch Pufferzonen voneinander getrennten Räumen zusammengefaßt. Innerhalb ihres Arbeitskomplexes können die einzelnen Gruppen selber den Ablauf und die Verteilung ihrer Arbeit bestimmen. Doch bleibt es ein schwerwiegender Mangel dieser neuen Arbeitsform, daß der Spielraum für die Entscheidungen der Gruppen kaum über den unittelbaren Arbeitsablauf hinausgeht. Nur auf der untersten Führungsebene (Vorarbeiter, Meister) ist die Betriebshierarchie dadurch aufgelockert worden. Darüber hinaus hat sich an der Hierarchie des Arbeitsprozesses nichts geändert.

Der Deutsche Gewerkschaftsbund hat deshalb das Modell und den Begriff solcher »teilautonomen Gruppenarbeit«, wie sie genannt wird, abgelehnt. Dieser Begriff verschleiere nur die Tatsache, »daß es in der betrieblichen Wirklichkeit keine Autonomie und Selbstbestimmung gibt. Die Beschäftigten sind als einzelne oder als Gruppe den Planungen und Entscheidungen der Eigentümer und ihrer Verfügungsberechtigten über die Arbeitsorganisation unterworfen.«

Nichtsdestoweniger ist diese Gruppenarbeit gegenüber der seelenlosen Fließbandarbeit ein echter Fortschritt. Sie muß allerdings in eine erweiterte, betriebliche und überbetriebliche, gewerkschaftlich organisierte Mitbestimmung eingebettet werden.

Inzwischen sind die alten Formen der betrieblichen Mitbestimmung vom technischen Fortschritt überrundet worden. Allein schon deshalb scheint es geboten, die betriebliche Mitbestimmung auszuweiten und zu dezentralisieren. Wenn der Mensch seine Arbeit in einem gesellschaftlich-solidarischen Sinn verantworten soll, ist es unabdingbar, ihm an seinem Arbeitsplatz soviel Selbstbestimmungs- und Selbstverantwortungsraum wie irgend möglich zu geben.

Der Arbeitnehmer sollte an der Gestaltung seiner Arbeitsbedingungen direkt beteiligt werden. Es wäre ein Widerspruch in sich, einen Arbeitsplatz »humanisieren«, menschengerecht gestalten zu wollen, ohne den Menschen, der davon unmittelbar betroffen ist, maßgeblich einzubeziehen. Menschengerecht kann ja nur die Arbeit sein, die den individuellen Voraussetzungen und Bedürfnissen Rechnung trägt, und Selbstbestimmung kann grundsätzlich nicht delegiert werden.

Die wachsende Komplexität des Arbeitsprozesses macht es den Betriebs- und Personalräten unmöglich, für jeden Arbeitsplatz sachkompetente Entscheidungen zu treffen. Sich direkt an der Gestaltung des eigenen Arbeitsplatzes zu beteiligen ist für die Arbeitnehmer ein Qualifizierungsprozeß, sie gewinnen dadurch einen größeren Einblick in den betrieblichen Ablauf und dessen Alternativen, sie lernen, betriebliche Veränderungsprozesse technischer und organisatorischer Art zu beeinflussen und zu steuern. Noch wichtiger aber ist, daß sie die eigenen schöpferischen Fähigkeiten unter Beweis stellen können.

Die basisdemokratische Aktivierung dieses schöpferischen Potentials käme nicht nur den Unternehmen zugute, sondern auch den Gewerkschaften, die an einer passiven Haltung der Arbeitnehmer kein Interesse haben können. Im Zuge der beschleunigten Rationalisierungs- und Modernisierungsprozesse der Arbeitswelt scheint die Verbreiterung der Basis demokratischer Mit- und Selbstbestimmung der einzige Weg zu sein, um den Krisenlösungen in den einzelnen Betrieben widerstehen und ihnen Alternativvorstellungen gegenüberstellen zu können. Die Wirtschaft demokratisieren, heißt, auch auf der Unternehmensebene die Mitbestimmung der Arbeitnehmer soweit wie möglich in Richtung Selbstbestimmung auszudehnen. Noch immer wird in den Chefetagen der Unternehmen über die Produktion bestimmt, ohne daß die betroffenen Arbeitnehmer entscheidend mitbestimmen können. Die derzeit geltenden gesetzlichen Regelungen lassen dies nicht zu. Sie sollten geändert werden.

Zur Zeit können die Arbeitnehmer Vertreter in die Aufsichtsräte delegieren. Von wirklicher Mitbestimmung kann erst die Rede sein, wenn die zur Zeit noch souveräne Aktionärsversammlung nicht mehr jeden Beschluß des Aufsichtsrats umstoßen kann. Was das heißt, hat die IG Metall im Jahr 1984 beim bundeseigenen Salzgitterkonzern erfahren.

»Moderne Zeiten«

Die vorindustrielle Arbeit war nicht wie die Arbeit in der Industriegesellschaft an exakte Zeiten gebunden. Gebunden war sie an das Tageslicht, an den Stand der Sonne, unterbrochen wurde sie vom Glockengeläut zum Mittag und zur Vesper. Die Arbeitenden hielten einen natürlichen Rhythmus ein. Bis ins 17. Jahrhundert hinein gab es nur selten Uhren, die Menschen wußten nicht einmal genau, wann sie geboren waren. Die Zeit schien stillzustehen.

Die Industrialisierung setzte überall die Uhren in Gang. Zeit wurde jetzt bemessen. Der Lohn für industrielle Arbeit ist nämlich der Gegenwert für ein gewisses Arbeitsquantum, dessen Maß die Zeiteinheit ist. Damit war der Weg für die Stechuhr geebnet. F. W. Taylor brauchte ihn zu Beginn unseres Jahrhunderts nur noch wissenschaftlich auszubauen.

Die wesentliche Erneuerung, die er einführte, bestand darin, die Teilzeiten aller Handreichungen eines Arbeitsvorgangs zu messen und nicht mehr, wie andere vor ihm, nur die Gesamtzeit des Arbeitsvorgangs. Um die Produktivität zu steigern, wurde so die Arbeitszeit zerhackt, die produktive Tätigkeit zerstückelt, der Arbeiter der seelenlosen, stumpfsinnigen Monotonie einer ständigen Wiederholung von wenigen Handgriffen ausgesetzt. Taylor hatte die Uhr durch das Chronometer ersetzt. Chaplins »moderne Zeiten« waren angebrochen.

Gegenwärtig bahnt sich eine Rückentwicklung an: Im Arbeitsleben befreit sich Zeit aus der ausschließlichen Herrschaft der monotonen Arbeit. »Arbeit abschaffen und Zeit befreien; Zeit befreien, damit die Individuen über ihre Körper bestimmen können, über die Beschäftigung ihrer selbst, über die Wahl ihrer Tätigkeiten, ihrer Projekte, ihrer Werke –«, meint André Gorz. Humanisierung der Arbeit ist Humanisierung der Arbeitszeit. Wenn der Mensch während seiner Arbeit das Gefühl für die Zeit verliert, wenn die Zeit wieder scheinbar stillsteht, während er arbeitet, verliert sich auch das Gefühl der Entfremdung. Immerhin hat die Taylorisierung der Arbeit die Unmenschlichkeit einer extremen Arbeitsteilung deutlich werden lassen. Auch wenn wir alles daran setzen müssen, von solchen Exzessen wieder abzukommen, so wird doch die moderne Industriegesellschaft im großen und ganzen nicht mehr hinter den erreichten Stand einer generellen Arbeitsteilung zurückgehen können. Das soll aber nicht heißen, daß nicht auf die Hierarchisierung dieser Arbeitsteilung verzichtet werden könnte. Auf jeden Fall sollten die Produktivitätsfortschritte dazu verwendet werden, die Taylorisierung der Arbeit schrittweise zurückzunehmen und dem Arbeitnehmer etwas von der verlorenen Zeit zurückzugeben.

Netzwerk Selbsthilfe

Die alte sozialistische Utopie, daß Arbeit kein Herrschafts- oder Knechtschaftsverhältnis sein darf, sondern gemeinsame, brüderliche Verwaltung von Sachen, lebt derzeit in der alternativen Genossenschaftsbewegung wieder auf. Eine geringere Arbeitsproduktivität wird dort bewußt in Kauf genommen, um eine wirtschaftliche, technische und soziale Entfremdung in der Arbeit zu vermeiden und die zwischenmenschliche Solidarität zu steigern.

Das »Netzwerk Selbsthilfe« hat diese alternative Unternehmensethik wie folgt zusammengefaßt:

1. Die Projekte sollen selbst organisiert und selbst verwaltet sein. Jeder Beteiligte soll an Entscheidungen und Aktivitäten gleichberechtigt teilnehmen können. Darüber hinaus gilt das Ideal der »direkten Demokratie«.

2. Aus Gründen der Selbstverwaltungsfähigkeit und lokaler Kontrolle sollen Projekte eher klein und überschaubar bleiben und gewisse Größenordnungen nicht überschreiten.

3. Die rigide Trennung von beruflicher und sozialer Aktivität, Arbeit und Freizeit, soll überwunden und die Arbeit dem Leben organisch eingeführt werden. Arbeitszeiten und -orte sollen möglichst flexibel gehalten werden. Auch haben viele Kollektive den Anspruch, nicht nur zusammenzuarbeiten, sondern auch zusammen zu wohnen und Kinder großzuziehen.

4. Die Arbeitsteilung zwischen Kopf- und Handarbeit, zwischen Spezialisten und Laien, zwischen Führenden und Ausführenden soll weitestgehend überwunden werden. Innerhalb der Projekte soll längerfristig jeder für jede Tätigkeit qualifiziert sein.

5. Die Arbeit soll sozial nützlich sein. Es geht um unmittelbare Gebrauchswerte und um Marktwerte nur als Mittel zum Zweck.

6. Es soll niemand individuell profitieren. Eigentum und Verfügung über Arbeitsmittel und Profite sind kollektiv. Das Einkommen ist in der Regel für alle Kollektivmitglieder gleich.

7. Auch Kollektivegoismus soll vermieden werden. Gegenüber anderen Projekten soll im Zweifelsfall die Regel gelten: »Kooperation vor Konkurrenz.«

Selbstbestimmte Produktion

Nach Gorz bezeichnet das Recht auf selbstbestimmte Produktion im Kern das »Recht jeder Basisgemeinschaft, zumindest einen Teil der Güter und Dienstleistungen, die sie konsumiert, selbst zu produzieren, ohne zu diesem Zweck gezwungen zu sein, die eigene Arbeitskraft an die Besitzer der Produktionsmittel zu verkaufen oder Güter und Dienstleistungen von Dritten zu kaufen«.

Selbstbestimmung sollte indes nicht so eng an den Eigenverbrauch geknüpft werden. In der Bundesrepublik arbeiten bereits genossenschaftliche Projekte, die zwar nach den Richtlinien des »Netzwerk Selbsthilfe« organisiert sind, ihre Produktion aber auf den Verkauf abgestellt haben. Auch die kollektive Arbeit derartiger Genossenschaften ist selbstbestimmt.

»Die selbstbestimmte Produktion« – so André Gorz – »wird sich überall dort entwickeln, wo der Gebrauchswert der Zeit sich als höher erweist als sein Tauschwert; das heißt, wo das, was man in einer bestimmten Zeit selbst machen kann, mehr wert ist als das, was man sich kaufen könnte, wenn man dieselbe Zeit für Lohn arbeitete.« Damit wären die Grenzen der alternativen Genossenschaftsbewegung klar abgesteckt: In der Herstellung der allermeisten Gebrauchsgüter wird sie unser arbeitsteilig hochentwickeltes Wirtschaftssystem auch in Zukunft nicht ersetzen können. Die alternativen Produktionskollektive sind sich auch der Tatsache durchaus bewußt, daß ihre eigene, selbstbestimmte Produktion in ein System der allgemein gesellschaftlichen Arbeitsteilung eingebettet ist. Sie wissen, daß sie auf materielle und institutionelle Hilfestellung »von außen« angewiesen sind, auch wenn sie dies nicht immer deutlich gemacht haben.

In seinem Buch »Arbeitsgesellschaft, Strukturprobleme und Zukunftsperspektiven« hat Claus Offe eine praktische Programmatik der Dualwirtschaft gefordert, in der die begrenzte Sphäre der informellen Eigenarbeit institutionell anerkannt, gefördert, gesichert, ausgebaut und zumindest den gleichen Kriterien sozialer Gerechtigkeit unterstellt werden soll, die für den formellen Sektor der Arbeitsgesellschaft gelten. Dem ist zuzustimmen. Wird auch der Beitrag der alternativen Produktionskollektive zur gesellschaftlichen Gesamtproduktion relativ gering bleiben, so ist doch die konkrete Utopie, die sie vorleben, von großer Bedeutung. Ihr Beispiel wird einem anderen Arbeitsbegriff in der Gesellschaft zur Geltung verhelfen. André Gorz hat recht: Weniger an der

Frage des »Sozialeinkommens« als an der des Rechts auf selbstbestimmte Produktion wird sich in Zukunft die »Rechte« von der »Linken« scheiden. Freilich wird die Linke nach wie vor versuchen müssen, die Idee der Selbstbestimmung in erster Linie im Zentralbereich der wirtschaftlichen Produktion zu verwirklichen.

Als Modelle nichtentfremdeter, selbstbestimmter Arbeit sind die Projekte, die derzeit im alternativen Milieu aus dem Boden sprießen, für eine menschlichere Zukunft der Wirtschaft zwar wichtig, aber eben doch nur komplementär. Johano Strasser sieht richtig, »daß die Freiheitsmöglichkeiten und Entfaltungsspielräume im kleingewerblichen, informellen und im Eigenarbeitssektor nur ausgeschöpft werden können, wenn auch die enger begrenzten Möglichkeiten der Humanisierung, der Demokratisierung und der Dezentralisierung im Zentralbereich der Wirtschaft ausgeschöpft werden«.

Am Anfang dieses Demokratisierungsprozesses muß ein anderes Naturverständnis stehen. Noch versteht sich der Mensch gegenüber der Natur als Eigentümer. Das Recht auf Nutzung zum Zweck des Gewinns ist die Ratio des Begriffs »Eigentum«. Mithin findet sich dieselbe Ratio auch in der Auseinandersetzung des Menschen mit der Natur – im Arbeitsprozeß. Erst wenn die Ratio eine andere wird, eine menschlichere, werden wir unsere Wirtschaft auf eine andere, menschlichere Art und Weise rationalisieren können. Dies gilt für die westlichen wie für die östlichen Länder. Beider Naturverständnis sind nur die zwei verschiedenen Seiten derselben Medaille. Steht auf der einen Seite die Ausbeutung des privaten Naturbesitzes, so auf der anderen der Begriff »fortschrittlicher« Produktivität, für den die Natur gratis da ist, um ausgebeutet zu werden. Die Erde gehört uns nicht, und sie ist auch nicht gratis da. Wir haben sie nur von unseren Kindern geborgt.

Arbeitgeber und Arbeitnehmer

Noch stehen die Begriffe kopf. Denjenigen, der seine Arbeitskraft verkaufen muß, der sie hergibt für ein Entgelt, den eigentlichen Arbeitgeber – den nennt man Arbeitnehmer. Und denjenigen nennt man Arbeitgeber, der gegen ein Entgelt diese Arbeitskraft entgegennimmt – der eigentliche Arbeitnehmer. Der Sprachgebrauch allein ist Legitimation für Privilegien: Es macht sich besser, wenn die Reichen geben und die Armen nehmen. Arbeitskraft ist nichts ohne einen Arbeitsplatz – und den geben in der Tat die Arbeitgeber. André Gorz schreibt in »Abschied vom Proletariat«: »Arbeit bezeichnet heute praktisch nichts anderes als eine bezahlte Tätigkeit. Die Begriffe ›Arbeit‹ und ›Arbeitsplatz‹ sind mittlerweile auswechselbar: Arbeit ist nicht mehr etwas, das man tut, sondern etwas, das man hat.«

Oswald von Nell-Breuning hat bereits zwei neue gesellschaftliche Klassen ausgemacht: die Besitzer von Arbeitsplätzen und die Nichtbesitzer. Wäre es da nicht ehrlicher, statt von »Arbeitsplatz« von »Lohnplatz« zu sprechen? Es würde zur völligen Begriffsentwirrung beitragen, wenn schon der Sprachgebrauch klarmachte, daß der Lohn-(Arbeits-)Platz schwerlich nur jener Ort sein kann, an dem sich das menschliche Wesen als ein freies, verantwortungsbewußtes verwirklicht.

Nun wird jeder den einen oder anderen kennen, dem die Arbeit Spaß macht, mit der er sein Brot verdient. Kommt auch im strengen philosophischen Sinn die Freude an der Arbeit noch längst nicht einer Aufhebung der Entfremdung gleich, so kann sich doch glücklich schätzen, wer zu dieser Minderheit gehört.

Von der Tatsache freilich, daß viele Frauen die bezahlte Arbeit als einen Faktor ihrer Emanzipation empfinden, darf man sich nicht zu falschen Schlüssen verleiten lassen. Das emanzipatorische Moment ist nicht die »entfremdete« Arbeit an sich, sondern die faktische Gleichstellung der Frauen mit den Männern durch einen gesellschaftlich anerkannten Beruf, seien sie damit auch nur gleich schlecht gestellt. Wenn es gelänge, die Arbeitsverhältnisse dahingehend zu ändern, daß Arbeit in der modernen Gesellschaft nicht länger als Besitz, sondern wieder als Tätigkeit, gar als schöpferische Tätigkeit begriffen würde, wenn es also gelänge, einen anderen Arbeitsbegriff durchzusetzen, so wäre dies ein gewichtigerer Beitrag zur weiblichen Emanzipation, als es die bloße Eroberung einer »entfremdeten« Arbeitswelt durch die Frauen sein kann.

Neubestimmung der Arbeit

In einer Gesellschaft, in der die soziale Existenz des einzelnen derart ausschließlich an die bezahlte Arbeit gebunden ist, in der sie allein als Schlüssel für ein sinnvolles Leben angesehen wird, muß zwangsläufig jeder in seinem Selbstwertgefühl getroffen werden, der einer bezahlten Tätigkeit nicht oder nicht mehr nachgeht. Dies gilt gleichermaßen für Arbeitslose, für Rentner wie für Hausfrauen. Produktivitätssteigerung und Wachstumskrise werden zu weiteren Verkürzungen der Arbeitszeit führen. Die notwendige Umverteilung der bezahlten Arbeit wird ihrerseits die aus ökologischer Sicht nicht minder notwendige Umgewichtung der nichtbezahlten Arbeit erleichtern: Nichterwerbliche Eigenarbeit wird stärker in den Mittelpunkt unseres Lebens rücken. Vollbeschäftigung kann durch eine sinn- und maßlose Produktion nicht wiedererlangt werden, sondern nur durch eine Neubestimmung der Arbeit. Die Kriterien dieser Neubestimmung lauten: Neugestaltung und Selbstbestimmung der konkreten, vorhandenen Arbeit, Aufwertung der nichtproduktiven Arbeit, Wiedereinführung der schöpferischen Dimension der Arbeitstätigkeit.

Echte, solidarische, gesellschaftliche Verantwortlichkeit kann der Mensch in seiner Arbeit nur entwickeln, wenn er nicht durch den Arbeitsprozeß entmündigt wird. Produktive Arbeit ist Umformung der Natur zu Gebrauchsgütern. Wer im Arbeitsprozeß von jeglicher Verantwortlichkeit enteignet worden ist, der wird auch gegenüber dem Gegenstand seiner Arbeit, der Natur, keine Verantwortung empfinden. Mithin müssen diejenigen, die für einen verantwortlichen Umgang des Menschen mit der Natur plädieren, in erster Linie dafür eintreten, daß solidarische Verantwortlichkeit im Arbeitsprozeß entstehen kann. Es würde nicht viel nützen, wenn es hin und wieder gelänge, ein Atomkraftwerk stillzulegen oder eine Chemiefabrik zu schließen, und der Mensch in anderen Gebieten genauso unverantwortlich weiterproduzierte, genauso ausbeuterisch mit der Natur umginge wie bisher.

Die Zurückgewinnung der Mündigkeit, die Wiederherstellung der solidarischen, gesellschaftlichen Verantwortlichkeit des Menschen im Arbeitsprozeß, aber ist das Hauptziel der gewerkschaftlichen und sozialistischen Politik.

Daß diese Forderungen aus der liberalen Gesellschaftstherorie abzuleiten sind, hat Karl-Hermann Flach in seiner Streitschrift »Noch eine Chance für die Liberalen« gezeigt. In dieser sieht er selbst in genossenschaftlicher Produktionsweise eine urliberale Idee, die sich vor allem für kleinere oder mittlere Unternehmensbereiche eigne. Selbst die CDU kommt in ihrem 1978 in Ludwigshafen verabschiedeten Grundsatzprogramm zu der Einsicht: „Wir werden alle Bestrebungen unterstützen, unzumutbare Belastungen und vermeidbare Arbeitserschwernisse abzubauen. Der Mensch ist für uns nicht Diener der Maschine oder Lückenbüßer der technischen Ausstattung. Arbeitsteilung und Rationalisierung dürfen nicht weiter vorangetrieben werden, als menschlich erträglich und sozial zu verantworten ist. Gruppen- und Teamarbeit ermöglichen menschliche Kontakte, eröffnen neue Mitwirkungschancen und brauchen nicht unwirtschaftlich zu sein. Auch im Arbeitsleben muß der einzelne die Chance haben, mitzugestalten und mitzuentscheiden.

Wettbewerbspolitik und Eigentumspolitik ergänzen sich. Privates Eigentum ist ein Grundpfeiler und ein wesentliches Unterscheidungsmerkmal der Sozialen Marktwirtschaft gegenüber anderen Wirtschafts- und Gesellschaftssystemen. Persönliches Eigentum gibt dem Bürger Entscheidungsmöglichkeiten und erhöht damit seine persönliche Freiheit. Privates Eigentum kann auf Dauer nur garantiert werden, wenn es breit gestreut ist. Alle Bürger sollen die Chance des Zugangs zu den verschiedenen Formen des Eigentums erhalten.

Die Bildung von Produktivvermögen in der Hand von Arbeitnehmern ist eine soziale Notwendigkeit, um wirtschaftliche Abhängigkeiten abzubauen, den Arbeitnehmern Mitverantwortung zu übertragen und eine gerechte Einkommensverteilung für die Zukunft zu sichern.«

Daß im Gegensatz dazu die jetzige Wenderegierung dabei ist, Mitbestimmungsrechte abzubauen, die Arbeitsschutzvorschriften einzuschränken, den Vermögenden zu geben und den weniger Vermögenden zu nehmen, ist in den Jahren 1983 und 1984 deutlich geworden. Sie verfolgt also eine Politik, die das Gegenteil von dem darstellt, wofür in den vorhergehenden Kapiteln plädiert wurde. Die bisherigen Ausführungen haben aber gezeigt, und das ist das Entscheidende, daß es eine neue Politik gibt, für die es sich lohnt, eine Mehrheit in den Parlamenten zustande zu bringen. In den Nachkriegsjahren beschränkte sich die Politik in der Bundesrepublik darauf, den Zuwachs des Bruttosozialprodukts zu verteilen. Strukturelle Reformen unterblieben. Sie sind heute mehr denn je notwendig.

Diese auf Selbstbestimmung der Arbeit, Mitbestimmung und Neuverteilung des Produktivvermögens zielenden strukturellen Reformen müssen aber auch das Ziel derjenigen sein, die für die Natur »Partei« ergreifen.

Es gibt also jenseits allen Streits und jenseits aller oberflächlichen Taktiererei für die Politik der Sozialisten und Ökologen einen fundamentalen Schnittpunkt: das Eintreten für die Selbstbestimmung des arbeitenden Menschen. Der andere Fortschritt hat einen Namen: Ökosozialismus. Er verbindet den Kampf gegen die Ausbeutung des Menschen mit dem Kampf gegen die Ausbeutung der Natur.

Es gibt ein Bild von Klee, das Angelus Novus heißt. Ein Engel ist darauf dargestellt, der aussieht, als wäre er im Begriff, sich von etwas zu entfernen, worauf er starrt. Seine Augen sind aufgerissen, sein Mund steht offen, und seine Flügel sind ausgespannt. Der Engel der Geschichte muß so aussehen. Er hat das Antlitz der Vergangenheit zugewendet. Wo eine Kette von Begebenheiten vor uns erscheint, da sieht er eine einzige Katastrophe, die unablässig Trümmer auf Trümmer häuft und sie ihm vor die Füße schleudert. Er möchte wohl verweilen, die Toten wecken und das Zerschlagene zusammenfügen. Aber ein Sturm weht vom Paradiese her, der sich in seinen Flügeln verfangen hat und so stark ist, daß der Engel sie nicht mehr schließen kann. Dieser Sturm treibt ihn unaufhaltsam in die Zukunft, der er den Rücken kehrt, während der Trümmerhaufen vor ihm zum Himmel wächst. Das, was wir den Fortschritt nennen, ist dieser Sturm.

Walter Benjamin

Die politische Zukunft des anderen Fortschritts

Walter Benjamin hat einmal den Gedanken geäußert, daß ein Wissen, das nichts über die Möglichkeiten seiner Verbreitung weiß, kein eigentliches Wissen ist – es verkäme fruchtlos im Kopf des einen Wissenden. Wieviel weniger wäre eine neue Politik, die nicht die Möglichkeiten ihrer Durchsetzung kennt, eine eigentliche Politik. Ein Plädoyer für einen anderen Fortschritt kann nur mit der Überlegung schließen, welche gesellschaftlichen Gruppen und Schichten diesen anderen Fortschritt mitzutragen bereit wären und unter welchen parteipolitischen Konstellationen er verwirklicht werden könnte.

Die Gesellschaftsgruppen, die bei der Verwirklichung des anderen Fortschritts um ihre Privilegien fürchten, werden bei einer ökologischen Neuorientierung der Politik Widerstand leisten. Die Abkehr vom Wachstumsdogma wird dabei nicht das größte Problem sein. Schwierigkeiten werden auftreten, wenn es gilt, Macht und Einkommen neu zu verteilen. Das Ziel des anderen Fortschritts – basierend auf der Verantwortung des Menschen in seiner Arbeit – ist die Solidarität zum Mitmenschen und eine geänderte Einstellung zur Natur. Zentraler Punkt ist dabei die Neugestaltung der Arbeit, die das Verhältnis der Menschen untereinander und das Verhältnis des Menschen zur Natur bestimmt.

Über mehr Beteiligung, mehr Mitbestimmung und mehr Selbstbestimmung soll der Mensch zu mehr Verantwortung finden. Erhard Eppler prägte vor zehn Jahren für diejenigen, die an den überkommenen Strukturen festhalten wollen, die Bezeichnung Strukturkonservative. Ihnen muß die Einsicht vermittelt werden, daß eine Veränderung der überkommenen Strukturen notwendig ist, weil der zerstörerische Prozeß auch sie ergreift.

Der Unternehmer leidet unter der Umweltzerstörung ebenso wie der Arbeitnehmer, der Besitzende ebenso wie der Besitzlose. Es wird auch für Wohlhabende in Zukunft wenig Möglichkeiten geben, sich in Gebiete zurückzuziehen, in denen die Luft noch nicht verseucht ist oder die noch nicht vom Waldsterben befallen sind. Unreflektierte Fortschrittsgläubigkeit stellt heute die Weichen für eine nicht mehr umkehrbare Veränderung der Gesellschaft. So strahlt zum Beispiel Plutonium, ist es einmal hergestellt, mehrere hunderttausend Jahre. Nicht mehr rückrufbar, befindet es sich im Kreislauf unseres Lebens. Aber nicht nur die Kernenergie, auch Mikroelektronik und Gentechnologie werden unsere Umwelt und unsere Gesellschaft entscheidend umgestalten. Das klassische Axiom der Konservativen lautete: »Veränderung ist nicht gleich Fortschritt.« Eine Technik, die sich verselbständigt, die den einzelnen vor dem Apparat verschwinden läßt, ist eher ein Rückschritt denn ein Fortschritt.

Die gesellschaftlichen Kräfte des anderen Fortschritts

Die Kräfte des anderen Fortschritts sind diejenigen, die mit dem Umdenken bereits begonnen haben: die Jugend von gestern und heute, die Intellektuellen, die Bürgerinitiativen und die neuen sozialen Bewegungen.

Die Jugend denkt hinsichtlich der Zukunft in anderen Zeiträumen. Kann sich der erwachsene Mensch immer noch einreden, daß alles schon nicht so schlimm sei und daß man auch in den nächsten Jahren immer noch irgendwie über die Runden kommen werde, so spürt die Jugend, in welchem Maße das Eis immer brüchiger wird. Sie spürt, daß die größte Katastrophe darin besteht, wenn alles so weitergeht wie bisher. Sie hat andere Ideale als die des Besitzes und der Karriere. Sie strebt nach Selbstverwirklichung und nach einem erfüllten Leben. Sie glaubt nicht daran, daß ihre Zukunft in einem System liegt, dem nach der Einschätzung von Keynes Geiz, Wucher und Mißtrauen zugrunde liegen. Sie strebt eine Kultur an frei von Unterdrückung, Ausbeutung und Unterwerfung.

Die neuen sozialen Bewegungen haben die gesellschaftliche Entwicklung der letzten Jahre beeinflußt. Sie haben in vielen Aktionen ihren Widerstand gegen Naturzerstörung, Hunger in der Welt, Massenarbeitslosigkeit und atomare Rüstung zum Ausdruck gebracht. Sie haben alternative Modelle entwickelt, um praktische Erfahrungen für den neuen Weg zu sammeln. Die Frauenbewegung spielt dabei eine besondere Rolle. Vieles von dem, was wir heute als zerstörerisch beklagen, ist Ausdruck des Männlichkeitswahns. Eine verstärkte Mitarbeit der Frauen in Politik und Gesellschaft wird helfen, das zu korrigieren.

Beseitigung von Ausbeutung und Unterwerfung: Damit sind die Gewerkschaften angesprochen. Es sind dieselben gesellschaftlichen Strukturen, die zur Ausbeutung des Menschen durch den Menschen und zur Ausbeutung der Natur führen. Diese Erkenntnis bildet die Grundlage für die notwendige Zusammenarbeit der Gewerkschaften mit den neuen sozialen Bewegungen. Gewerkschaften und Arbeitnehmer leiden gleichermaßen unter den Widersprüchen der neuen technologischen Revolution. Der unabwendbare Fall der Wachstumsraten wird die Verteilungskämpfe verschärfen. Die notwendigen Veränderungen müssen aber ohne große soziale Brüche vonstatten gehen. Wer heute die Abschaltung ganzer Industrieanlagen verlangt und kein Wort über das weitere Schicksal der Arbeitnehmer verliert, die darin beschäftigt sind, handelt nicht ökologisch, da er unsolidarisch handelt. Er muß sich die Gewerkschaften zum Gegner machen, die in dem Maße immer strukturkonservativ sein werden, in dem sie nicht zulassen können, daß die Existenzgrundlagen der Arbeitnehmer von heute auf morgen vernichtet werden. Selbst wenn man glaubt, der ökologische Umbau der Industriegesellschaft dulde keinen Aufschub, muß man sich der Machtfrage stellen. Eine dringende Veränderung unserer Gesellschaft in Richtung auf weniger Ausbeutung und weniger Unterwerfung ist ohne die Arbeitnehmer und ihre berufenen Vertreter nicht vorstellbar.

Innerhalb der Arbeitnehmerschaft wird die technokratische Intelligenz nicht so ohne weiteres für den anderen Fortschritt zu gewinnen sein. Sie beherrscht die neue Technologie. Dieses Wissen verleiht ihr Macht und Privilegien. Aber sie empfängt auch aus ihrem Fachbereich heraus neue Impulse für eine veränderte Einstellung zu ihrer Mit- und Umwelt. Physiker und Biologen waren mit die ersten, die unseren bisherigen Fortschrittsbegriff einer kritischen Prüfung unterzogen. Aus ihrer Wissenschaft gewannen sie neue Einsichten und Erkenntnisse, die die bisherigen linearen, mechanistischen Denkmuster in Frage stellten. Auf großen Kongressen protestieren die Naturwissenschaftler gegen die verantwortungslose Anwendung ihrer Forschungsergebnisse. Die technische Intelligenz, die den bisherigen Fortschritt getragen hat, ist aufgrund neuer Erfahrungen in ihrem jeweiligen Wissensgebiet dafür zu gewinnen, einen anderen Weg zu suchen.

Bei der Durchsetzung der neuen Politik wird den Kirchen eine Schlüsselrolle zukommen. Zwar gibt es auch hier noch Kräfte des Widerstands. In der katholischen Amtskirche findet teilweise die Theologie der Abschreckung mehr Resonanz als die Theologie der Befreiung. Das Kirchenvolk aber ist dabei, die Bibel beim Wort zu nehmen. Ausbeutung, Unterwerfung und Abhängigkeit vertragen sich nun einmal nicht mit der Idee der Nächstenliebe. Der Glaube daran, daß die Natur Schöpfung Gottes ist, verbietet es, sie zu plündern und auszubeuten. Wenn man in jedem Menschen die Schwester oder den Bruder sieht, kann man sich mit dem dritten Weltkrieg in der dritten Welt nicht abfinden. Wenn man die Erde als Gottesschöpfung begreift, ist die atomare Rüstung Gotteslästerung. Daher sind in den neuen sozialen Bewegungen viele Christen engagiert. Sie werden fortfahren, mehr Menschlichkeit und mehr Solidarität mit der Natur zu üben.

Rot-Grüne Zusammenarbeit?

Welche Wählerschichten und damit welche Parteien könnten nun die neue Politik verwirklichen? In der Bundesrepublik ist damit die Frage nach einer Zusammenarbeit von SPD und Grünen gestellt. Es scheint, als werde die SPD im Bund auf absehbare Zeit nicht die absolute Mehrheit erreichen. In Ländern und Gemeinden sieht das anders aus. Dort kann die SPD oft allein die Regierung bilden. In einigen Gemeinden gibt es funktionierende rot-grüne Koalitionen, auf Länderebene bisher keine erprobten Modelle. In Hamburg kam es erst gar nicht zu einer Zusammenarbeit, in Hessen scheiterte die Form der Tolerierung an einer Frage, die bei näherem Zusehen gar nicht eine Frage der Landespolitik ist.

Vertraut man den Umfragen, dann ist die grüne Wählerschaft mit großer Mehrheit für ein rot-grünes Bündnis. Die meisten grünen Wähler sehen in der grünen Partei eine bessere Alternative zur SPD. In der Wählerschaft der SPD gibt es teilweise starke Vorbehalte gegen ein Zusammengehen der Sozialdemokraten mit den Grünen. Lange Zeit haben die Sozialdemokraten darüber diskutiert, ob ein rot-grünes Bündnis mit ihren inhaltlichen Vorstellungen vereinbar wäre. Es kam zu heftigen Auseinandersetzungen in den Parteigliederungen der SPD, die darauf zurückzuführen waren, daß konservative Gewerkschafter und Sozialdemokraten ein Zusammengehen mit den Grünen als nicht vertretbar bezeichneten.

Das hat sich mittlerweile geändert. Während bei der SPD, sofern es zu verläßlichen Abmachungen kommt, durchaus die Bereitschaft für ein Bündnis vorhanden ist, haben die Grünen große Berührungsängste und die Sorge, von der SPD vereinnahmt zu werden. In den Gemeinden und Ländern werden rot-grüne Kooperationen zwangsläufig in den nächsten Jahren erprobt werden. Im Bund wird eine andere Politik weder von der wirtschaftsliberalen Rest-FDP noch von der konservativen CDU/CSU mitgetragen werden. Die jetzt praktizierte Politik der Umverteilung gibt keine Anhaltspunkte dafür, daß die Politik des anderen Fortschritts bei diesen Parteien Resonanz fände. Da es zur Zeit nicht danach aussieht, als könne die SPD allein die notwendige Mehrheit zur Ablösung der Bundesregierung erreichen, muß sie eine Zusammenarbeit mit den Grünen als Möglichkeit ins Auge fassen. Dabei geht es nicht um taktisches Kalkül, sondern um eine neue Politik. Eine solche Perspektive hat nur dann eine realistische Basis, wenn eine eventuelle Zusammenarbeit inhaltlich begründet ist. Im vorigen Kapitel wurde aufgezeigt, daß die Ausbeutung der Natur ein Ergebnis der Organisation des Arbeitslebens ist. Es wurde dargelegt, daß Ökologie und Arbeiterbewegung gegen dieselben ausbeuterischen Strukturen angehen müssen. Um die Möglichkeiten einer inhaltlich begründeten Zusammenarbeit abzuschätzen, ist es notwendig, der Frage nachzugehen, warum die Partei der Grünen entstanden ist.

Die Linke auf der Suche nach der verlorenen Identität

In dem politischen Spektrum der bundesrepublikanischen Parteien siedeln sich die Grünen – der sozialistische, der alternative wie der ökologische Flügel – links von der SPD an. So banal diese Feststellung klingt, sie ist dennoch der Schlüssel zum Verständnis des Aufkommens der grünen Partei. Joschka Fischer erklärt den Erfolg der Grünen in erster Linie mit dem »nationalen Identitätsproblem« der westdeutschen Linken.

Die junge Generation der unmittelbaren Nachkriegszeit – von dem Soziologen Schelsky als »skeptische Generation«

bezeichnet – fand ihre Identität in dem Aufbau des westdeutschen Teilstaats, seiner Wirtschaft und seiner demokratischen Institutionen. Die Verdrängung der von den meisten noch bewußt miterlebten nationalsozialistischen Vergangenheit half Schuldgefühle zu unterdrücken und neues Selbstwertgefühl zu gewinnen.

Die nachfolgende Jugendgeneration gab sich damit nicht mehr zufrieden. Der Nationalsozialismus war für sie ein Problem der Eltern. Sie war zwar noch mittelbar betroffen, aber im Hinblick auf die Nazivergangenheit hatte sie nichts mehr zu verdrängen.

Das Wirtschaftswunder war vollbracht. Eine satte Wohlstandsmentalität herrschte allenthalben vor. Die SPD hatte Godesberg gerade hinter sich und sich mit den Verhältnissen arrangiert. Die Selbstzufriedenheit der westdeutschen Gegenwart reizte die kritische Jugend nicht zur Identifikation; sie gelang vielen nur im intellektuellen Rückzug auf die sozialistischen Theorien der Vergangenheit.

Erst nach dem Ende der Großen Koalition bot die SPD der jungen Linken die Möglichkeit einer kritischen Identifikation: Willy Brandt wurde Bundeskanzler. In dem Maße nämlich, wie die linke Identität der jungen Generation in einem doppelten Sinne historisch vermittelt war, zum einen durch die empörte Ablehnung des von den Eltern verdrängten Faschismus, zum anderen durch das theoretische Anknüpfen an die sozialistische Ära vor 1933, war es die Person Brandts, an der sich linke Identität kristallisieren konnte. Er war aktiver, verfolgter Antifaschist und verkörperte die Tradition der deutschen Arbeiterbewegung.

Politische Heimat

In Deutschland war die Kontinuität der nationalen linken Identität durch zwölf Jahre blutigen Naziterrors zerstört worden. Die linke Nachkriegsgeneration mußte auf der Identitätssuche weit in die Geschichte zurückgreifen. Erst Willy Brandt brachte ihr die Möglichkeit einer Wiederannäherung an die Nachkriegsrepublik. Doch das sozialliberale »Modell Deutschland« erfüllte im Laufe der Jahre immer weniger die hohen Erwartungen der Jugend. Mit Wachstumsfetischismus, Radikalenerlaß, Terroristenhysterie, Kernenergie und NATO-Doppelbeschluß konnte sie sich nicht identifizieren. Desillusioniert fiel so mancher von der SPD ab. Resignation oder linke Sektiererei war Ausdruck politischer Heimatlosigkeit.

Die Sehnsucht nach Heimat aber ist ein aktuelles Phänomen. Die Fernsehfilmserie »Heimat« von Edgar Reitz strahlte jüngst diese Sehnsucht in die bundesdeutschen Wohnstuben aus – Ausdruck eines latenten Bedürfnisses.

Auch die Bürgerinitiativen sind ein Beweis für die Heimatverbundenheit der Menschen. Wenn sie die Zerstörung von Waldgebieten, von intakten Naturlandschaften, von Auen und Flüssen verhindern wollen, dann wollen sie damit auch zugleich das retten, was sie unter ihrer Heimat verstehen. Dieser Hintergrund der Aktivitäten der Bürgerinitiativen ist den Technokraten selten zu vermitteln. Sie berufen sich auf bestimmte Meßergebnisse, die nachweisen sollen, daß die Befürchtungen der Bürgerinitiativen unbegründet waren, und sie erkennen nicht, daß es diesen um etwas ganz anderes geht. Die Gründung der grünen Partei ist ein Ergebnis auch dieser Entwicklung. Atomare Rüstung, Kernenergie und fortschreitende Landschaftszerstörung haben die heimatlosen Linken mit wertkonservativen Bürgern zu einer Partei verschmolzen.

In keinem anderen europäischen Land stand die junge Nachkriegslinke vor vergleichbaren Identitätsproblemen. In England oder Schweden ist die historische Kontinuität nicht durch faschistische Diktaturen gebrochen worden. In dem besetzten Frankreich wurde die nationale Identität der Linken in der Résistance noch verstärkt; im faschistischen Italien wurde die Kontinuität bewahrt durch die maßgebliche Beteiligung sozialistischer und kommunistischer Partisanen an der Befreiung des Vaterlandes; im frankistischen Spanien hielt sich der linke Geist des Bürgerkriegs im Untergrund. In all diesen Ländern vermittelten die traditionellen nationalen Organisationen der Arbeiterbewegung auch weiterhin jene linke Identität, die in Deutschland verloren schien. Das ist unter anderem eine Erklärung dafür, daß in keinem dieser Länder – obwohl doch fast allesamt gleichermaßen von der ökologischen Krise heimgesucht – eine ökologische Partei richtig Fuß fassen konnte. Hinzu kommt, daß dort die sozialdemokratische oder sozialistische Partei nicht – wie in der Bundesrepublik – 16 Jahre ununterbrochen an der Regierung war. Erst heute sehen wir, welche Bedeutung es für die Orientierung der Wählerschaft hat, wenn mehr als ein Jahrzehnt die Partei, deren Programmatik auf Veränderung orientiert ist, Regierungspartei ist.

Wer gehofft hatte, die Vereinigung von linksdemokratischer Radikalität und neubäuerlicher Ökologie unter dem grünen Dach könne nicht von Bestand sein, sieht sich bisher getäuscht. Wahrscheinlich wäre diese Vereinigung schon geplatzt, wenn politische oder ökologische Sachthemen das einzige Bindeglied zwischen den vielfältigen Gruppierungen bildeten. Was die grüne Partei zusammenhält, ist – um es mit einem konservativen Begriff aus dem Werte- und Wortschatz der neubäuerlichen Ökologen zu belegen – jenes Gefühl der politischen Heimat, ist – um es in der neulinken Terminologie auf den Begriff zu bringen – die endlich gefundene Identität in einer neuen politischen Kultur. Bedenkt man, was Menschen alles in Kauf nehmen, ehe sie ihre Heimat verlassen, ehe sie ihre Identität wechseln, dann ist damit zu rechnen, daß das Grün aus der politischen Landschaft nicht so schnell verschwinden wird.

Konsequenzen für eine politische Bündnisstrategie

Wenn diese Überlegung richtig ist, leiten sich daraus für eine politische Bündnisstrategie Konsequenzen ab. Der harte Kern derjenigen, die in der grünen Partei politische Identität und Heimat finden, ist inzwischen für fünf Prozent der Wählerstimmen gut. Auf lange Sicht kann die Sozialdemokratische Partei diesen Kern nur gefährden, wenn sie sich selber wieder dem kritischen Teil der Wählerschaft zur Identifikation anbietet. Will aber die SPD eine Volkspartei bleiben – woran kein Zweifel besteht –, wird dies schwer zu bewerkstelligen sein: Um auf der rechten Seite nichts an Wählerstimmen einzubüßen und auf der linken alle radikaldemokratischen, links-ökologischen Kräfte aufzusaugen, wäre eine Politik vonnöten, die der Quadratur des Kreises gliche. Auch mit einer ganz entschieden ökologisch orientierten Sachpolitik würde es der SPD vermutlich nicht gelingen, die Grünen unter die Fünf-Prozent-Marke zu drücken. Das heißt aber nicht, daß die SPD auf eine entschiedene ökologische Sachpolitik verzichten könnte. Im Gegenteil, sie muß diese Politik um ihrer selbst willen betreiben – ist sie doch für uns alle der einzige »Weg aus der Gefahr« (Eppler).

Zu Beginn des Jahres 1985 mobilisieren die Grünen bundesweit fast zehn Prozent der Wähler. Dem weltanschaulichen Stamm läuft eine wachsende Anzahl ökologischer, auch bäuerlicher, Protestwähler zu, die mit den anderen Parteien nicht mehr zufrieden sind. Mit Sicherheit wird sich die ökologische Krise verschärfen; mit Sicherheit wird sich der schwerfällige »Tanker« SPD (Peter Glotz) künftig nicht leichter manövrieren lassen. Eine weitere Zunahme der ökologischen Protestwähler ist nicht auszuschließen; Umweltkatastrophen, wie wir sie kürzlich wieder in Indien erlebt haben, tun ihr übriges dazu. Wenn dann aus den Reihen der Sozialdemokraten oder Gewerkschafter beschwichtigende Formeln zu hören sind, dann wird dies potentielle Grünwähler nicht beeindrukken, sondern eher dazu ermutigen, die Grünen zu unterstützen. So bleibt den Sozialdemokraten fürs erste, darauf zu setzen, daß die Kooperationsbereitschaft der Partei der Grünen durch den von den Protestwählern ausgehenden Erwartungsdruck erhöht wird. Mit einer neuen, glaubwürdigen Politik freilich könnte die SPD diese Protestwähler zurückgewinnen.

Im Hinblick auf einen Regierungswechsel in Bonn drängt sich die Überlegung auf, ob es denn überhaupt wünschenswert wäre, die Grünen aus den Parlamenten zu verdrängen. Für Golo Mann sind die Grünen die Nachfolger der Freien Demokraten. Denkt man daran, daß Friedrich Naumann einst die Mehrheit links vom Zentrum suchte, dann stünden ihm heute vermutlich die Grünen näher als die FDP. Zur Zeit sieht es so aus, als würden die Grünen hinsichtlich des Machtwechsels in Bonn die Rolle übernehmen, die Strauß einst der vierten Partei zugedacht hatte. Eingedenk der demokratischen Tradition des alten Europa scheinen amerikanische Parteienverhältnisse hierzulande wenig wahrscheinlich. Die Bundesrepublik leidet ja nicht wie Weimar unter dem Chaos eines Zuviel an Parteien, sondern sie drohte ganz im Gegenteil unter der parteipolitischen Verkrustung in Langeweile zu ersticken. Immerhin muß man den Grünen das Verdienst lassen, Leben in die deutsche Politik gebracht zu haben.

Tradition als Belastung – oder die Schwierigkeit, sich eine neue Sprache anzueignen

Tradition hat ihr Gutes und ihr Schlechtes – in der SPD wie anderswo auch. Tradition gibt einer Partei Selbstbewußtsein und macht sie berechenbar. Man wird nicht immer im voraus sagen können, welche Beschlüsse die SPD einmal fassen wird, man wird aber mit ziemlicher Sicherheit aus ihrer Tradition ableiten können, wozu sich die SPD nie hergeben wird. Tradition aber kann Belastung sein, weil sie mitunter den Blick verbaut. Jeder weiß, wie schwer es fällt, eingefahrene

Gleise zu verlassen, um Einsichten zu gewinnen, die tradierten Denkmustern zuwiderlaufen. »Die Tradition aller toten Geschlechter lastet wie ein Alp auf dem Gehirne der Lebenden ... So übersetzt der Anfänger, der eine neue Sprache erlernt hat, sie immer zurück in seine Muttersprache, aber den Geist der neuen Sprache hat er sich nur angeeignet, und frei in ihr zu produzieren vermag er nur, sobald er sich ohne Rückerinnerung in ihr bewegt und die ihm angestammte Sprache in ihr vergißt.«

Aber gerade der, der dies im »18. Brumaire des Louis Bonaparte« schrieb, lastet heute selber wie ein Alp auf dem Gehirn der lebenden Sozialisten und Gewerkschafter – hat doch vor allem er, Karl Marx, einen Arbeitsbegriff entwickelt und hinterlassen, der, in der Verzerrung durch seine Anhänger, mehr Krieg als Frieden mit der Natur verheißt: In der tätigen Auseinandersetzung mit der Natur verwirkliche die Gattung Mensch ihr menschliches Wesen. Auch hat er die »Unterjochung der Naturkräfte, Maschinerie, Anwendung der Chemie auf Industrie und Ackerbau« (»Kommunistisches Manifest«) als die historische Leistung der Bourgeoisie bezeichnet.

Zwar hat Marx darauf hingewiesen, daß Ausbeutung der Natur und Ausbeutung des Menschen einander bedingen. Aber, man erinnere sich an die Einführung des Taylor-Systems durch Lenin in der Sowjetunion. Die Entfaltung der Produktivkräfte wurde mehr und mehr das sich verselbständigende Ziel der sich auf Marx berufenden Sozialisten aller Schattierungen. Die ökologische Herausforderung ist deshalb so schwer von ihnen zu verkraften, weil jetzt auf einmal nicht mehr wahr sein soll, was Generationen von Sozialisten zum Dogma erhoben hatten. Wenn Tradition ein Hemmschuh des Denkens sein kann, dann ist es von Vorteil, von einer politischen Gruppierung herausgefordert zu werden, die weit weniger irgendeiner Tradition verhaftet ist und die vielmehr den Wunsch nach einer neuen politischen Kultur repräsentiert.

Die Grünen haben gerade deshalb die Krise der Wachstumswirtschaft früher als die meisten Sozialdemokraten begriffen, weil ihre politische Identität nicht mehr an die traditionellen Denkschablonen der alten SPD gefesselt war. Nehmen wir einmal das Beispiel Frankreich. Dort blieb die linke nationale Identität seit der großen Revolution von 1789 über die Pariser Kommune von 1871 und die Volksfront der dreißiger Jahre bis zur Résistance historisch ungebrochen und ist noch heute an die traditionellen politischen und gewerkschaftlichen Organisationen gebunden. Der alte, militant-nationale jakobinische Geist weht noch immer durch die Reihen der französischen Sozialisten. Er bestimmt ihr wirtschaftliches und militärisches Denken und äußert sich in Nachrüstung, Verstaatlichung und Verwaltungszentralismus. Er vernebelt neuere Erkenntnisse und fegt bessere Einsichten weg. Die kleine ökologische Partei spielt in der französischen Politik bis heute keine nennenswerte Rolle.

Die politische Heimatlosigkeit, das Nichtgebundensein an verkrustete Tradition und Denkschablonen, wird unversehens zur politischen Stärke der Grünen: Empfindsamkeit kann sich ungehemmter entfalten, neue Einsichten werden nicht durch den Filter überkommener politischer Denkmuster entstellt. Die neue Partei und die mit ihr sympathisierenden außerparlamentarischen Bewegungen beherrschen deshalb »den Geist der neuen Sprache« besser als mancher altgediente Sozialdemokrat, der viel zu oft die frisch gelernten Vokabeln in die »angestammte Sprache« rückübersetzt.

Gegen Ende der fünfziger Jahre wurde erstmals die These vom unbegrenzten wirtschaftlichen Wachstum durch Wissenschaftler in Frage gestellt. Einer der ersten war der amerikanische Ökonom John K. Galbraith mit seinem 1958 erschienenen Buch »The Affluent Society« (deutsch 1963: »Gesellschaft im Überfluß«). Als Kampfbegriff gegen den allgegenwärtigen wirtschaftlichen Wachstumsfetischismus prägte Galbraith die Formel von der »Lebensqualität«. Als zu Beginn der siebziger Jahre auch die westdeutsche Linke, Sozialdemokraten und Gewerkschafter, jenes Phänomens gewahr wurde, das man gemeinhin »Wachstumskrise« nennt, stürzte sie sich auf diesen Begriff der Lebensqualität, der bis heute quasirhetorisches Monopol der SPD in der öffentlichen Auseinandersetzung der Parteien geblieben ist.

Auf einer 1972 von der Industriegewerkschaft Metall in Oberhausen veranstalteten internationalen Arbeitstagung wurde die »Qualität des Lebens« zur entscheidenden Aufgabe der Zukunft erklärt. SPD und Gewerkschaften waren emsig dabei, eine neue Sprache zu lernen. Doch im Zentrum der ihnen angestammten ökonomischen Muttersprache stand das Wort Wachstum, was für viele gleichbedeutend mit Fortschritt war. Hätten sie im Geist der neuen Sprache frei zu produzieren vermocht, dann wären sie vielleicht darauf gekommen, daß Qualität des Lebens auch ohne Wirtschaftswachstum möglich sein könnte. Sie wären vielleicht sogar darauf gekommen, daß wirtschaftliches Wachstum der Qualität des Lebens abträglich sein könnte.

Statt dessen übersetzten sie den Begriff der »Qualität des Lebens« in die angestammte Muttersprache, indem sie ihn in den des »qualitativen Wachstums« ummünzten – als ob Wachstum nicht schon per se ein rein quantitativer Begriff wäre. Wachsen, also an Quantität zunehmen, sollten nur noch solche Wirtschaftszweige und Industrien, deren Produkte die Qualität des Lebens erhöhen. Ist das nicht etwas viel des Relativen? Sind denn nicht viele Menschen der Ansicht, daß der Besitz eines Autos ihre Lebensqualität erhöht?

Anscheinend ist es so schwer, sich den Geist einer neuen Sprache anzueignen, daß manch einer selbst noch von Wachstum spricht, um auszudrücken, daß überhaupt nichts mehr wächst: Nullwachstum, Minuswachstum. Unter den führenden Sozialdemokraten war es Erhard Eppler, der als erster im Geist der neuen Sprache zu produzieren vermochte. In seinem Buch »Ende oder Wende« schrieb er bereits 1975: »Daß die erste große Reformperiode in der Bundesrepublik zusammenfiel mit raschem Wirtschaftswachstum, hat zu dem Mißverständnis beigetragen, Reformen bestünden im Verteilen der Früchte des Wachstums; daher könne man sich in schlechten Zeiten Reformen nicht leisten. Wir müssen begreifen, daß es genau umgekehrt ist: Zeiten raschen Wachstums kommen eher ohne Reformen aus als Zeiten, in denen Grenzen sichtbar werden. Ohne das Ventil beträchtlicher Zuwachsraten werden Veränderungen unausweichlich. Wo die Fortschreibung des Bestehenden keine Zukunft mehr gibt, stehen wir unter Reformzwang.«

Die SPD aber war an der Regierung und damit beschäftigt, die Aufgaben des Alltags zu bewältigen. Das Krisenmanagement funktionierte besser als in anderen Industriestaaten. Welchen Anlaß gab es da für eine erfolgreiche Regierungspartei, auf den Mann zu hören, der vorausgedacht hatte, was die SPD heute, zwölf Jahre später, ökologische Modernisierung der Industriegesellschaft nennt?

Die Sozialdemokratie sollte die Auseinandersetzung mit den Grünen als Chance begreifen, die neue Sprache zu erlernen, um die begonnene programmatische Erneuerung fortzuführen. Es wird der SPD so schnell nicht gelingen, die Grünen auf politische Bedeutungslosigkeit zurückzustutzen, ohne sich selber als Volkspartei aufzugeben; deshalb ist es sinnvoll, wo immer möglich und zumutbar, die Zusammenarbeit mit grünen Fraktionen zu erproben.

Für einen sozialdemokratischen Befürworter des anderen Fortschritts gibt es nicht nur inhaltliche, sondern auch taktische Aspekte einer Zusammenarbeit mit den Grünen. Einer der Tradition so verhafteten Organisation wie der SPD kann äußerer Druck als Korrektiv nicht schaden. Wie sehr kam doch manchmal dem konservativen Parteiflügel während der sozialliberalen Ära die Koalition mit der FPD gelegen, um mit dem Hinweis auf Koalitionsabmachungen unliebsame Anträge der Linken abzublocken. So hilft jetzt die Herausforderung durch die Grünen, eine andere Politikauffassung in der SPD durchzusetzen. Und Golo Mann wäre in einem doppelten Sinne bestätigt.

Die Krise der Realpolitik

Die Ereignisse des Jahres 1984 brachten an den Tag, woran die westdeutsche Republik seit langem kränkelt: die scheinbare Käuflichkeit der Politik, die Macht des großen Geldes, der Banken und Konzerne. Was Wunder, daß es jungen Leuten schwerfällt, sich mit diesem Staat zu identifizieren; was Wunder auch, daß die Sehnsucht auszusteigen, heute wächst. Noch vor knapp einer Generation war dies anders: Da wollte eine kritische Jugend »einsteigen«, den »langen Marsch durch die Institutionen« (Rudi Dutschke) wagen. Den Rucksack voller unausgegorener Neomarxismen hatten sie schon geschnürt und geschultert. Als Brandt Kanzler wurde, sprangen viele auf den sozialdemokratischen Reformzug. Die Jungsozialisten hatten plötzlich Konjunktur. Doch der Reformzug geriet alsbald ins Stocken. Die Realpolitik holte die Euphorie wieder ein, der Lokomotivführer wurde gewechselt. »Die Krise findet in den Köpfen statt«, befand der neue Mann. Diejenigen, die sich schon im Aufbruch »zu neuen Ufern« wähnten, verstanden ihn richtig: »Quatsch, wir bleiben hier«, sollte das heißen. Die Realpolitik hatte sie alle wieder. Die Konjunktur lief, wenn auch mit zeitlicher Verzögerung, zu den Grünen über.

Der sozialdemokratische Kanzler Helmut Schmidt war etwas jünger als sein Vorgänger Willy Brandt. Er gehört einer Generation von Politikern an, deren Jugend mit der Naziherrschaft in Deutschland zusammenfiel. Von der schrecklichen Art, in der damals jugendlicher Idealismus mißbraucht und politische Sinngebung von den staatlichen Machthabern pervertiert worden sind, war er so angewidert, daß ihm politische Sinngebung von Staats wegen schlechthin suspekt blieb.

Diese Einstellung, Ergebnis seiner Lebenserfahrung, ist achtbar und war für viele verständlich. Von einem Teil der jungen Generation der Jahre seiner eigenen Kanzlerschaft jedoch wurde sie nicht verstanden. Da diese Jugend keinerlei persönliche Erfahrung mit der Nazizeit mehr verband, empfand sie die konsequente politische Nüchternheit des Kanzlers, deren innere Logik sie emotional nicht nachvollziehen konnte, als technokratische, macherische Kälte. Ein Teil der kritischen Jugend fand zu der sachlichen Politik Schmidts keinen Zugang und ging der SPD verloren.

Helmut Schmidt war ein Kanzler eher preußischen Zuschnitts, der im besten Sinne das verkörperte, was Max Weber in einem berühmten Aufsatz als politische »Verantwortungsethik« bezeichnet hat. Er wäre nicht Sozialdemokrat, wäre sein Handeln nicht gleichermaßen von »Gesinnungsethik« bestimmt gewesen. Darüber hinaus bekannte und bekennt sich Helmut Schmidt zur Philosophie des »kritischen Rationalismus« eines Karl R. Popper, eine wissenschaftstheoretische Methodenlehre, die sich vor gut zwei Jahrzehnten in Westdeutschland ausbreitete. Diese Grundhaltung Helmut Schmidts ist entscheidend für die Entwicklung der SPD während seiner Regierungszeit.

Die kritischen Rationalisten lehnen »historizistische«, ganzheitliche Betrachtungsweisen ab, das heißt – vereinfacht ausgedrückt –, sie glauben, die Realität des menschlichen Daseins erfassen zu können, ohne sie auf die Gesamtheit, auf die Einheit der menschlichen Gesellschaft und ihrer Entwicklung im geschichtlichen Prozeß zu beziehen. Eine solcher Philosophie gemäße Politik orientiert sich eher an den kurzfristigen Sonderprozessen des jeweiligen Tages, an der realen Tatsache eines aus der Realität des gesamtgeschichtlichen Prozesses isolierten Moments.

In dem Maße aber, wie sich Realpolitik nur mit derart zeitlich isolierten Momenten der gesamtgeschichtlichen Realität befaßt, oder mit einem ganzen System solcher zeitlich isolierter Momente, diese Momente oder dieses System selber aber nicht mehr auf die gesamtgeschichtliche Entwicklung bezieht, greift sie viel zu kurz, bleibt ihre Kritik systemimmanent. Damit soll keineswegs gesagt werden, daß Realpolitiker zu kritischen Einsichten nicht fähig wären, aber sie wollen mit ihrer Politik nicht andere gesellschaftliche Zustände herbeiführen, sondern lediglich die vorherrschenden in Ordnung halten.

Das vorhandene System wird nicht grundsätzlich in Frage gestellt, sondern ausgebessert, also grundsätzlich bejaht. Zugegeben, auch diese Politik birgt in sich ein gewisses Maß an Dynamik. Jede Verbesserung der Gesellschaftsordnung ist auch ein Quentchen Gesellschaftsveränderung. Bloß hat eine solche Politik nicht mehr die Richtung im Auge, in der sich die Gesellschaft verändern sollte, eine solche Politik ist in ihrem Wesen konservativ.

Hermann Lübbe schreibt, daß es ein Merkmal des Konservatismus sei, der Katastrophenvorbeugung Priorität gegenüber einer Praxis der Verwirklichung von Utopien einzuräumen. Die Orientierung an zu verhindernden angebbaren Übeln sei politisch sicherer als die Orientierung an Vorstellungen unbekannten Glücks.

Eine Realpolitik, die den gesamtgeschichtlichen Entwicklungsprozeß der Gesellschaft zu wenig berücksichtigt, indem sie sich vorrangig an isolierten Fakten festmacht, ist natürlich zur politischen Sinngebung untauglich, selbst wenn sie dies wollte. Denn Sinn gewinnt Politik nur im Bezug auf einen umfassenden geschichtlichen oder ethischen Entwicklungszusammenhang. Sinn und Vernunft bedingen sich gegenseitig: Vernünftig ist, was Sinn macht; unvernünftig, was keinen Sinn macht. Ist ein Sinn der Politik nicht mehr auszumachen, finden sich für die Vernunft auch keinerlei Kriterien mehr.

Vernunft, der große, alte Kampfbegriff der europäischen Aufklärung, verkommt unter den Bedingungen der Realpolitik zur technokratischen Rationalität. In einer von atomarer Selbstvernichtung bedrohten Welt, in der Unsummen für die Perfektionierung einer ohnehin schon perfekten militärischen Tötungsmaschinerie ausgegeben werden, während zugleich Millionen von Menschen verhungern, gebietet die Vernunft abzurüsten. Doch technokratische Rationalität fordert statt dessen militärisches Gleichgewicht und die Fortsetzung des Rüstungswahns.

Das ist das Dilemma der Realpolitik, ihre eigentliche Krise. Ursache der Krise ist ein technokratisch verkürzter Politikbegriff. So gesehen war Schmidts Befund in der Tat richtig: Die Krise findet in den Köpfen statt.

Es ist sicher nicht ganz falsch, die Logik der Realpolitik mit der Logik der Betriebswirtschaft zu vergleichen. Während volkswirtschaftliches Denken auf die Gesamtheit der wirtschaftlichen Prozesse gerichtet ist, bleibt das betriebswirtschaftliche Denken weitgehend den technokratischen Belangen eines aus dem volkswirtschaftlichen Ganzen isolierten einzelnen Produktionssystems verhaftet. Folgerichtig sind daher die Begriffe der Realpolitiker die Begriffe der Betriebswirte. Politik als Management, in Krisenzeiten eben als Krisenmanagement. Zielt ein gutes Management auf Maximierung des betrieblichen Profits, so zielt eine gute Realpolitik auf Maximierung des nationalen Wohlstands. Dabei wird der Begriff des Wohlstands auf das Materielle verkürzt. Wenn Politik nach den Regeln betrieblichen Managements gemacht wird, dann wird der Vergleich von Betrieb und Staat herausgefordert. Und es bleibt nicht lange bei der einen Verkürzung: der »Staat als Reparaturbetrieb des Kapitalismus«, so verkürzten nochmals die Jünger des Stamokap; der »Staat als Reparaturbetrieb der Wachstumsgesellschaft«, so verkürzen weiter die Grünen.

Das Krisenmanagement während Helmut Schmidts Kanzlerschaft entsprach einer faktischen Notwendigkeit. Er wußte diese Politik vorzüglich umzusetzen; wie vorzüglich, ist vielen erst richtig bewußt geworden, als sie seinen Nachfolger am Werk erlebten, der zwar mit seinem Anspruch der geistig-moralischen Wende die politische Sinngebung im Gegensatz zu seinem Vorgänger ausdrücklich bejahte, aber in der Affäre um die Entlassung des Generals Kießling und bei dem Versuch, Steuerhinterziehung auf dem Wege der Amnestie im nachhinein zu legalisieren, offenbarte, daß er diesen, seinen eigenen, Anspruch bereits ausgesessen hat. In der heutigen Politik besteht auch ein großer Bedarf an Management – aber die Betonung liegt auf dem »auch«. In einem Essay vermerkt der Franzose Georges Duveau: Wenn sich Politik im allgemeinen am speziellen Muster der Wirtschaftspolitik orientiere, sei dies ein untrügliches Zeichen für den Verlust der Utopie.

Verlust der Utopie

Der Philosoph Henri Lefèbvre bezeichnete in seiner »Einführung in die Modernität« als Utopie »ein Bild der Zukunft, das aus dem realisierten herauszutreten und die Gegenwart zu kritisieren und zu beurteilen erlaubt; bald Symptom des Scheiterns und der Ohnmacht im Handeln, bald Manifestation eines affektiven Verlangens nach Handeln«. So soll auch hier Utopie bezeichnet sein: als Maß der Kritik und des Handelns. Realpolitik ist deshalb so kurzsichtig und bejahend, weil sie meint, sich Utopien nicht leisten zu können. Dies gilt nicht nur für die Realpolitik im kapitalistischen Westen, dies gilt ebenso für die Realpolitik im sozialistischen Osten. Eine grundsätzliche andere Ökonomie, einen anderen Fortschritt, hat auch er nicht anzubieten.

Dort, wo der Marxismus in Form des real existierenden Sozialismus zur Herrschaft gekommen ist, benutzt er den Vorteil der zentralen Planung dazu, noch systematischer als der Kapitalismus alles der Produktion unterzuordnen. Die Theoretiker dieses realen Sozialismus charakterisiert Gerd Bergfleth treffend in dem Essay »Gewalt und Leidenschaft«: »Wenn man den Schleier der Revolutionsrhetorik etwas lüftet, kommt ein ora et labora zum Vorschein, das uns auch von unserer, der konzerneigenen Verwirklichung her nur allzu bekannt ist. Als Kernpunkt ihres ›Sozialismus‹ entpuppt sich derselbe Produktionswahn, der auch den Kapitalismus beherrscht – ein Ladenhüter, der nur deshalb wie neu aussieht, weil er durch ein Jahrhundert Scholastik immer wieder auf Antikapitalismus gefirnißt worden ist.«

Das 19. Jahrhundert war das Zeitalter des Szientismus, des unbändigen Glaubens an die Wissenschaft. Auch Karl Marx war in dieser Hinsicht ein Mann seiner Zeit. Gemessen an der Realität in den Staaten, die sich auf den Marxismus berufen, erweist sich als dessen größte Schwäche, was gemeinhin immer noch als Marx' größte Leistung gepriesen wird: den utopischen Sozialismus durch einen wissenschaftlichen ersetzt zu haben. Ursprünglich von Marx als Wissenschaft der Befreiung des Menschen erdacht, wurde die Theorie des wissenschaftlichen Sozialismus in der Sowjetunion in ihr Gegenteil verkehrt und dient dort heute dazu, die Herrschaft einer technokratischen Nomenklatur zu rechtfertigen.

Grob skizziert funktioniert dieser Rechtfertigungsmechanismus folgendermaßen: Marx stellte die These auf, wonach die Gesellschaft sich in der Geschichte nach bestimmten Gesetzen entwickle, die wissenschaftlich nachgewiesen werden können. Zwar mache die Menschheit selber ihre eigene Geschichte, nichtsdestoweniger aber vollzögen sich solche Gesetzmäßigkeiten unabhängig vom Willen einzelner Menschen. Stalinistische Theoretiker wie Glesermann zogen daraus den Schluß, daß historische Entwicklungsgesetze, die unabhängig vom Willen der Menschen verliefen, objektive Naturgesetze sein müßten, denen der Physik ähnlich. Sozialistische Politik bestünde darin, solche Naturgesetze der gesellschaftlichen Entwicklung zu erkennen und gemäß der Erkenntnis zu handeln.

In der marxistischen Geschichtsphilosophie verkörpert das Proletariat das Prinzip des historischen Fortschritts. Demnach verkörpert die kommunistische Partei der Sowjetunion als Avantgarde des Proletariats erst recht den Fortschritt. Dies gibt die Gewähr, daß niemand in der Lage ist, die objektiven Gesetze der gesellschaftlichen Entwicklung richtiger zu erkennen – oder im Falle eines Irrtums, sich schneller zu korrigieren – als eben die Partei. Da die Partei politische Richtlinien nur in bester Kenntnis der objektiven Entwicklungsgesetze erläßt, sind diese Richtlinien unanfechtbar. Politische Opposition verliert jeden Sinn, weil es absurd wäre, gegen die Anwendung von wissenschaftlich erkannten Naturgesetzen zu opponieren. Welcher Physiker opponiert schon gegen die Anwendung der Fallgesetze in seiner Wissenschaft? Sofern sich politische Opposition dennoch regt, kann sie nur kranken Hirnen entspringen oder konterrevolutionären Absichten. Der Marxismus verkommt in dieser Logik zur Führungs- und Herrschaftswissenschaft, der politische Oppositionelle landet als Konterrevolutionär im Gulag oder als Geisteskranker in der Anstalt. Das erste Glied dieser schrecklichen logischen Kette aber ist die falsche Verwissenschaftlichung des Sozialismus – der Verlust der Utopie.

In der Ablehnung staatlicher Sinngebung trafen sich Helmut Schmidt und Karl Popper. Dessen Abrechnung mit dem Historizismus – gewidmet »dem Andenken ungezählter Männer, Frauen und Kinder, ... Opfer ... des Irrglaubens an unerbittliche Gesetze eines weltgeschichtlichen Ablaufs« – war eine Reaktion auf die Pervertierung der Geschichtsphilosophie zur Unterdrückungslehre durch totalitäre Systeme.

Was aber hilft's, wenn das Kind mit dem Bade ausgeschüttet wird. Ein Sozialismus, in dem die Utopie durch die Wissenschaft liquidiert worden ist, ist kein Sozialismus. Wo unerbittliche Naturgesetze die Geschichte regieren, herrscht in Wirklichkeit längst der sich an den Fakten des jeweiligen Tages orientierende Realpolitiker.

An der westlichen Realpolitik ist zu beklagen, daß sie den Bezug zur Realität einer gesamtgeschichtlichen Entwicklung der Gesellschaft gekappt, an der östlichen, daß sie diese gesamtgeschichtliche Entwicklung durch das Hineininterpretieren unerbittlicher Naturgesetze auf inhumane Art versteinert hat. An beiden ist zu beklagen: Verlust der Utopie, Verlust der Fähigkeit zur Systemkritik. Eine Politik der Vernunft sollte sehr wohl in einem historischen und ethischen Sinnzusammenhang stehen. Doch ist es abwegig, den ethischen Sinn des politischen Handelns in einer naturgesetzlichen Entwicklung der Gesellschaft zu suchen. Vielmehr muß er der geschichtlichen Entwicklung von den Handelnden selber als Utopie unterlegt werden.

In einer Gesellschaft, in der die einen viel zu kurz denken, ist der Fortschritt darauf angewiesen, daß die anderen ein Stück zu weit denken, über das unmittelbare Ziel hinaus. Die Sehnsucht, aufzubrechen »zu neuen Ufern«, ist so alt wie die Menschheit, und sie ist nicht ihr schlechtester Zug. Politik sollte stets das eine Auge auf das »neue« Ufer gerichtet haben, weil sonst das andere seine kritische Schärfe einbüßt und noch am alten Ufer die Orientierung verliert. »Die Utopie einer von Grund auf veränderten Gesellschaft muß wieder ins Bewußtsein der Partei aufgenommen werden«, sagte Ende 1984 Peter von Oertzen auf einem Kongreß über sozialistische Perspektiven in Frankfurt. Die SPD hat einen großen Teil der jungen Generation verloren, weil sie die Utopie aufgegeben hat.

Verantwortungsvolle Verweigerung statt verweigerte Verantwortung

Will sie die kritische Jugend auf längere Sicht zurückgewinnen, muß die SPD in erster Linie glaubwürdig eine neue Politik vertreten, sie muß aber auch neue, einer solchen Politik entsprechende Formen der Parteiarbeit suchen.

Wie zählebig Traditionen sind, bekommt jeder unmittelbar zu spüren, der versucht, eingefleischte Gewohnheiten im Parteileben zu ändern. Seit Erscheinen des klassischen Werks von Robert Michels zur »Soziologie des Parteiwesens« im Jahre 1911 ist viel über die innerparteiliche Demokratie geschrieben worden. Michels' Feststellung, daß sich oligarchische Tendenzen auch in demokratischen Parteien notwendig herausbilden, ist – mit großen Abstrichen – noch heute gültig. Doch seit den Zeiten, in denen Lassalle oder Bebel die SPD in der Manier preußischer Monarchen führten, hat sich viel geändert.

Eine SPD, die sich selber als Volkspartei definiert, muß einer Vielfalt politischer Meinungen Raum bieten. In der letzten Phase der sozialliberalen Koalition gehörte es zum guten Ton, der SPD, mit unterschwelliger Mahnung an die Adresse der Parteilinken, Zerstrittenheit vorzuhalten. Die einfallslose, sterile Geschlossenheit der konservativen Opposition sah man als nachahmenswert an. Nun finden die Konservativen ihre Identität ja gerade in dem Konsens, das Bestehende nicht wesentlich verändern zu wollen. Die Ziele der konservativen Politik sind durch die bestehenden Gesellschaftsverhältnisse mehr oder weniger vorgegeben – was braucht man da noch grundsätzlich zu streiten?

Eine linke Partei aber will verändern. Somit ist der Richtungsstreit in einer linken Volkspartei zwangsläufig und permanent programmiert. Die Geschichte lehrt uns, daß linke Organisationen, die den inneren Richtungsstreit nicht breit und offen austragen, in einem demokratischen Gemeinwesen unweigerlich ins sektiererische Abseits geraten. Die westdeutsche DKP ist in ihrer monolithischen Geschlossenheit dafür ein warnendes Beispiel. Wir dürfen uns auch nicht durch die kleinbürgerlichen Vorurteile einer konservativen Meinungsmache beirren lassen: Der offen ausgetragene Widerstreit der Meinungen war und bleibt das demokratische Lebenselixier einer linken Volkspartei.

Mit Erstaunen registrieren wir, daß das öffentliche Austragen der innerparteilichen Konflikte in der Partei der Grünen die Wähler nicht abschreckt, sondern anzieht. Vielleicht haben die etablierten Parteien ihre Anhänger durch den Versuch, alle Konflikte unter den Teppich zu kehren und damit nicht nach außen dringen zu lassen, unterschätzt. Die kritische Jugend von heute ist im Geist der Demokratie erzogen worden. Sie hat jenes, im Fachjargon der Soziologen als »postmaterialistisch« bezeichnete Lebensgefühl entwickelt, in dem der Wunsch nach individueller Selbstverwirklichung nicht mehr an den Besitz materieller Güter geknüpft ist. Kriterien der individuellen Selbstverwirklichung aber sind:

Beteiligung, Mitbestimmung. Die Grünen sind nicht zuletzt deshalb für viele Jungwähler so attraktiv, weil sie bis zum Exzeß versuchen, alle an den politischen Entscheidungen zu beteiligen. Es wäre sicher nicht sinnvoll – und auch gar nicht möglich –, die Praxis der Grünen unkritisch auf die SPD zu übertragen.

Andererseits aber gefallen sich allzuoft Gliederungen der SPD in einer biederen Behäbigkeit, die junge Menschen kaum faszinieren dürfte. Vereinsmeierei wird als Solidarität zwischen Genossen mißverstanden. Honoratiorengehabe gestaltet Parteitage; entpolitisierte Debatten verbreiten Langeweile auf Sitzungen und in Versammlungen. Allein Personalentscheidungen rufen noch Leben wach. Das Verlangen vieler Menschen nach einer anderen politischen Kultur ist deutlich geworden. Eine Partei, die neue Wählerinnen und Wähler gewinnen will, muß diesem Wunsch Rechnung tragen. Wer dem anderen Fortschritt zum Durchbruch verhelfen will, muß der SPD zum Umbruch verhelfen. Der andere Fortschritt braucht die andere Partei – dies ist so dialektisch gemeint, wie es sich anhört.

Die SPD wird zunächst immer versuchen, die absolute Mehrheit zu erreichen. In Gemeinden und Ländern ist das oft gelungen. Wird dieses Ziel verfehlt, stellt sich die Frage der Kooperation. In den Ländern sind bisher Versuche der Kooperation mit den Grünen wenig erfolgreich gewesen. Die Beantwortung der Frage, ob die Grünen im Bund mit der SPD zur Zusammenarbeit bereit wären, wurde auf ihrem Hamburger Parteitag Ende 1984 erst einmal vertagt. Noch verweigern die Grünen in Bund und Ländern die Beteiligung an der Regierungsverantwortung. Man kann ihnen noch so überzeugend darlegen, daß sich infolge ihrer Verweigerung nur die Realisierungschancen der von ihnen verworfenen Politik verbessern, es wird auf sie wenig Eindruck machen.

»Wenn die Folgen einer aus reiner Gesinnung fließenden Handlung üble sind, so gilt [dem Gesinnungsethiker] nicht der Handelnde, sondern die Welt dafür verantwortlich, die

Dummheit der anderen Menschen«, sagt Max Weber. Ich weiß, was es heißt, den Grünen mit Max Weber zu kommen, diente doch seine Argumentation früher Helmut Schmidt, kritischen Stimmen im eigenen Lager zu begegnen. Damals aber ging es im Gegensatz zu heute nicht um die Ablehnung der Regierungsverantwortung, sondern um die Inhalte der Regierungsarbeit. Wie auch immer, die von Weber im Jahre 1919 zur Unterscheidung von Gesinnungsethik und Verantwortungsethik niedergeschriebenen Gedanken bleiben aktuell. Selbst wenn nicht die Hoffnung besteht, Grüne bekehren zu können, indem man ihnen damit den Spiegel vorhält, den einen oder anderen ihrer weniger dogmatischen Mitstreiter werden sie vielleicht nachdenklich stimmen.

Was uns die Fundamentalisten unter den Grünen derzeit als politische Moral verkaufen, hat viel mit Gesinnungsethik im Sinne von Max Weber zu tun. »Nicht, daß Gesinnungsethik mit Verantwortungslosigkeit und Verantwortungsethik mit Gesinnungslosigkeit identisch wäre«, sagt Weber. »Davon ist natürlich keine Rede. Aber es ist ein abgrundtiefer Gegensatz, ob man unter der gesinnungsethischen Maxime handelt – religiös geredet –: ›Der Christ tut Recht und stellt den Erfolg Gott anheim‹, oder unter der verantwortungsethischen: daß man für die (voraussehbaren!) Folgen seines Handelns aufzukommen hat ... verantwortlich fühlt sich der Gesinnungsethiker nur dafür, daß die Flamme der reinen Gesinnung, die Flamme ... des Protestes ... nicht erlischt. Sie stets neu anzufachen, ist der Zweck seiner, vom möglichen Erfolg her beurteilt, ganz irrationalen Taten, die nur exemplarischen Wert haben können und sollen ... Wenn da plötzlich die Gesinnungspolitiker massenhaft in das Kraut schießen mit der Parole: ›Die Welt ist dumm und gemein, nicht ich; die Verantwortung für die Folgen trifft nicht mich, sondern die anderen ..., deren Dummheit oder Gemeinheit ich ausrotten werde‹, so sage ich offen: daß ich ... den Eindruck habe: daß ich es in neun von zehn Fällen mit Windbeuteln zu tun habe, die nicht real fühlen, was sie auf sich nehmen, sondern sich an romantischen Sensationen berauschen... In der Welt der Realitäten«, sagt Max Weber, »machen wir freilich stets erneut die Erfahrung, daß der Gesinnungsethiker plötzlich umschlägt in den chiliastischen Propheten, daß zum Beispiel diejenigen, die soeben Liebe gegen Gewalt gepredigt haben, im nächsten Augenblick zur Gewalt aufrufen –, zur letzten Gewalt, die dann den Zustand der Vernichtung aller Gewaltsamkeit bringen würde.«

Die Grünen sagen: »Wir wollen keine politische Verantwortung übernehmen, damit wir die herrschenden Zustände nicht politisch verantworten müssen.« Diese Art politischer Logik ist weder logisch noch politisch. Daß »Politik Macht ist«, wissen die grünen Realpolitiker längst. Sie wissen auch, daß in der Politik Macht synonym für Verantwortung steht. Wer die politische Macht, wer die politische Verantwortung auf Dauer verweigert, handelt sich dafür de facto politische Ohnmacht ein. Wem aber, außer dem zynischen Establishment, wäre damit gedient? »Die demonstrieren, wir regieren«, sagte Zimmermann. »Die stellen Raketen auf, wir sitzen auf der nassen Straße«, bleibt da nur den Aufrüstungsgegnern festzustellen. Hätte einer von ihnen statt in Mutlangen auf der Straße in Bonn in der Verantwortung gesessen, wäre keine Pershing stationiert worden. Bei allem darf nicht vergessen werden, Politik muß neben Hungernden Bestand haben. Die Träume von einer besseren Welt berechtigen nicht dazu, sich von den wirklichen Nöten der Menschen abzuwenden. Diejenigen, die heute leiden, haben Anspruch auf unsere Hilfe. Keine Generation darf zugunsten zukünftiger Generationen geopfert werden. Wer sich hier verweigert, ist sich der eigenen Verantwortung nicht bewußt. Darin sehe ich die tieferen Gründe, diese Verweigerung abzulehnen.

Ich unterschätze die Kraft und die Dynamik spontaner Bewegungen nicht. Ich verkenne nicht ihre Notwendigkeit. Steine werden durch sie ins Rollen gebracht. Aber die Erfahrung lehrt, wie schnellebig solche Bewegungen sind, wie wenig sie aus sich heraus erreichen, wenn die Verantwortlichen nicht auf sie eingehen. Die Ostermarschierer konnten 1959 die atomare Aufrüstung nicht stoppen, die linken Gewerkschafter und Studenten 1968 die Notstandsgesetze nicht abwenden. Die Friedensbewegung konnte 1983 das Aufstellen der Raketen nicht verhindern. Ohnmacht ist eine schlechte Basis für die Verhinderung politischer Fehlentwicklungen. Wer die Regierungsverantwortung verweigert, verhindert – einmal kraß ausgedrückt und politisch gesehen – gar nichts, weil er die Macht verweigert, mit der er vieles verhindern könnte. Wer gerade noch sich selbst und seine Ohnmacht zum Verweigern hat, wird schnell zur politischen Quantité négligeable. Das Ergebnis ist oft, daß dort Hilfe verweigert wird, wo sie am dringendsten benötigt wird.

Überdies ist die Verweigerung der Grünen nur halbherzig und inkonsequent: Sie sitzen ja in den Parlamenten, sind bereits mit einem Bein auf dem Karussell der Macht und haben in einigen Gebietskörperschaften administrative Verantwortung übernommen.

Demokratische Sozialisten aber haben die Erfahrung gemacht, daß eine wirkungsvolle Politik der Verweigerung nur aus der übernommenen Verantwortung möglich ist. Verantwortung und Verweigerung sind nicht gegensätzlich, sondern bedingen sich gegenseitig. In der überaus komplexen Industriegesellschaft, in der wir leben, ist eine Politik der Verweigerung ohne das Maß der Verantwortung undenkbar und ohne die Macht der Verantwortung undurchführbar. Eine Politik der verantwortungsvollen Verweigerung ist allemal besser als die Unpolitik der verweigerten Verantwortung.

Vor knapp einem Jahrhundert hatte eine syndikalistische Strömung innerhalb der französischen Arbeiterbewegung, genau wie ein Teil der Grünen heute, die fundamentale Opposition gegen die vorherrschende bürgerlich-parlamentarische Politik beschlossen. Als einem der syndikalistischen Wortführer, Jean Allemane, ein Abgeordnetenmandat angetragen wurde, lehnte er konsequent ab mit der Begründung, er selber stelle sich unter dem Ziel seines Kampfes für den

Sozialismus etwas anderes vor, als die Eroberung eines gutdotierten Parlamentssitzes. Trotzdem dachte er politisch genug, um sich für bestimmte Ziele mit Parteigruppierungen zu verbünden, die, anders als er, parlamentarisch arbeiteten.

Auch hier und heute ist das Parlament der Ausdruck jenes politischen Systems, das die grünen Fundamentalisten grundsätzlich verwerfen. Der aufrechte Syndikalist Allemane sagte in dem Bewußtsein seiner Minderheitenposition: »Euer Spiel gefällt mir nicht. Da kann ich nicht mitspielen.« Unsere grünen Fundamentalisten sagen, ihrer Minderheitenposition ebenfalls bewußt: »Euer Spiel gefällt mir nicht. Trotzdem spielen wir mit – aber nur nach unseren eigenen Regeln.«

Allemane war in der Fundamentalopposition glaubwürdig geblieben. Jean Allemane war ein französischer Arbeiter. Um die Haltung der grünen Fundamentalisten glaubwürdig zu finden, muß man wohl ein deutscher Akademiker sein.

»Leidenschaft und Augenmaß«

Der grüne Fundamentalist sieht im Parlament ein treffliches Forum zur breiten Darstellung seiner Politik. Da der fundamentalistische Parlamentarier diese Darstellung von keiner exekutiven Verantwortung trüben lassen will, ist er von Beruf Selbstdarsteller. Zwar haben schon die Rechtsgelehrten das Parlament als eine repräsentative Einrichtung definiert, doch bedurfte es erst des fundamentalistischen Parlamentariers, um Repräsentation als Selbstdarstellung zu deuten. Wenn die parlamentarische Selbstdarstellung der Grünen weiterhin Selbstzweck bleibt, wird über kurz oder lang auch der letzte Wähler bemerkt haben, daß das entrüstete »Pfui Teufel, wie seid ihr schmutzig« der Fundamentalisten nur als spießiges »Seht her, wie sind wir rein« zu verstehen ist.

Es wird dann schnell ein Ende haben mit grüner Kraft und Herrlichkeit, ein Ende aber auch mit der Chance, wenigstens etwas in dieser Gesellschaft zum Besseren zu wenden. Und was wird dann aus dem Teil der heutigen Jugend, der seine Hoffnungen auf die Grünen setzt, möchte man wie damals Max Weber fragen: »Verbitterung oder Banausentum, einfaches stumpfes Hinnehmen der Welt und des Berufes oder, das dritte und nicht seltenste: mystische Weltflucht bei denen, welche die Gabe dafür haben, oder – oft und übel – sie als Mode sich anquälen?« Wenn nun die grünen Fundamentalisten meinen, daß es bei der SPD noch arg mit der Erleuchtung hapert, warum dann warten, bis der Himmel sie ihr schickt, warum besinnen sie sich nicht auf den ökologischen Ansatz der Zusammenarbeit des gemeinsamen Lernprozesses?

Wäre es denn nicht sinnvoller, durch Koalitionsdruck den Umdenkungsprozeß in der SPD zu beschleunigen, anstatt im Schmollwinkel abzuwarten, bis er sich von allein vollzogen hat? Für eine Politik des Alles oder Nichts reicht die Zeit nicht mehr. Da nach Meinung der Grünen außer ihnen selbst niemand den Willen hat, das Ruder entscheidend herumzureißen, wäre es an der Zeit, selber Hand an das Ruder zu legen. Wenn die Uhrzeiger an der tickenden ökologischen Zeitbombe auf 5 vor 12 stehen, wie die Grünen sagen, dann stehen sie auf 3 vor 12 in der Bündnisfrage. Die Grünen, hört man, wollen für die SPD nicht Mehrheitsbeschaffer sein. Auch dies ist ein Kurzschluß: Nur eine große Partei wie die SPD ist in der Lage, die für eine ökologische Kurskorrektur der westdeutschen Politik erforderliche Mehrheit zu beschaffen. Wenn aber der andere Fortschritt nicht bald eine parlamentarische Mehrheit findet, wird er vorerst ein akademischer Begriff bleiben.

Sollten sich die Grünen der parlamentarischen Demokratie nicht gewachsen erweisen, dann haben sie den »Beruf zur Politik ... objektiv und tatsächlich ... nicht gehabt«, wie Max Weber sagt: »Sie hätten besser getan, die Brüderlichkeit schlicht und einfach von Mensch zu Mensch zu pflegen und im übrigen rein sachlich an ihrer Tagesarbeit zu wirken.

Die Politik bedeutet ein starkes langsames Bohren von harten Brettern mit Leidenschaft und Augenmaß zugleich.«

Ich danke Hans Lafontaine und Hans Georg Treib für die Hilfe bei der Erstellung des Manuskripts. Regine Stützner und Klaus Stephan vom Hoffmann und Campe Verlag danke ich für manche wertvolle Anregung während der gemeinsamen Arbeit.

Margret und Frederic danke ich, daß sie mir Zeit für dieses Buch ließen. Ihnen ist es gewidmet.